ど素人の私が
株で
儲けている方法

「ど素人の株日記」なべ

宝島社
文　庫

宝島社

ごあいさつ

「ど素人の株日記」なべ

　ワシは現在、株式投資をしているごく普通の個人投資家ですが、運よく儲けることができました。しかも、「中長期での運用成績がとてもよい」という珍しい（？）タイプです。

　あなたがもし「デイトレードで儲からない」方や「仕事の関係上デイトレードができない」方であれば、ワシの中長期投資法はいかがでしょう？　情報に踊らされることなく、こっそり大儲けしませんか？　ワシがこの本で解説している中長期投資のコツを理解すれば、売買のタイミングを逃さないようにと、パソコン画面にへばりついてトイレをガマンする必要はありません。1日1回、いや、1週間に1回、いやいや、1カ月に1回、株価をチェックするだけで、十分に儲けを出せます。

　また、あなたが「株式投資の経験はないけれどいつかは始めたい」と考えているなら、いますぐにでも始めましょう。日本の経済が回復し始めているいまは、銀行預金よりも株式投資のほうがお金持ちになる近道です。

どど素人の私が株で儲けている方法

目次

第3章 本当に儲けたからわかる 割安成長株の買いどき・売りどき

自己紹介

ワシがど素人のなべです

財閥系低位株への中長期投資で大成功

ど素人だったワシが本格的に株式投資を開始したのは、ここ数年のこと。それまでは父親の営む家業を手伝っていたのですが、不況のあおりを受けて開店休業状態に陥っていました。暇な時間をもてあましたワシの父親は、昔から好きだった株式投資に熱中。しかし、失敗することも少なくありませんでした。

そんな父親の姿を反面教師として、ワシ自身も株式投資の猛勉強を開始したのです。

父親の影響もあって以前から『会社四季報』を愛読し、ヴァーチャルな投資を楽しんでいたワシは、父親から手ほどきを受けた銘柄選びや売買タイミングにアレンジを加えて、独自の投資スタイルを編み出しました。その結果、5年足らずの間で自己資金10万円がン千万円にふくらんだのです。

もちろん、なけなしの資金を投じて買った銘柄の株価が下がり続け、アルバイトをして追加の資金を貯めるなど、つらい思いをしたこともありました。でも、ワシは自分の投資方法を信じてひたすら耐え、自分の投資方法が正しかったことを実証できたのです。

ワシの夢は、資金が1億円になったら利回りの高い銘柄を買って、配当金で生活することです。このペースで資金が増えていけば、その夢が実現するのも遠い将来ではない気がします。

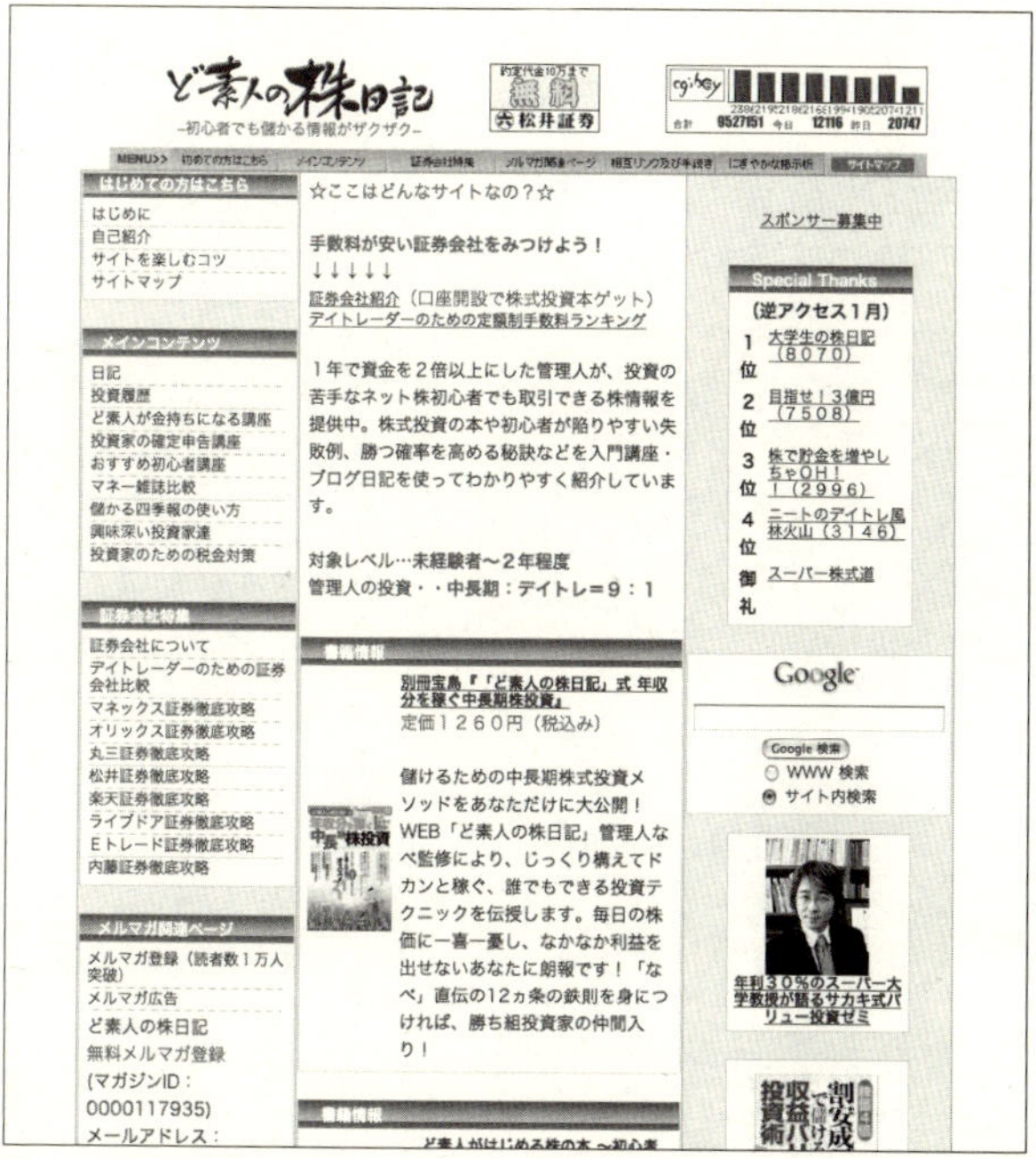

「ど素人の株日記」

http://www2.ocn.ne.jp/~evant/index1.html

中長期投資で資産を数倍にしたことで知られる管理人のなべさんが運営する超人気サイト。ビギナーにもわかりやすいよう、専門用語を極力使わずに株式投資の実践テクニックを公開している。関西弁を使った軽妙な文章にファンも多い。

編集協力＝伊熊恒介　中村祐介　星野陽平　堀井塚高
本文デザイン＆DTP＝三井俊之　杉本祐子
イラスト＝安部久仁子

本書の情報は2006年2月6日を最新としています。

本書に掲載された株式投資の評価、手法などは著者独自のものであり、内容などは保証されていません。投資は自己の判断と責任のもとで行なってください。本書に掲載された情報を利用したことでいかなる損害を被っても、著者および弊社は一切の責任を負いません。

第1章

月イチ取引で儲かる マンスリートレードを いますぐ始めよう

第1章 月イチ取引で儲かる マンスリートレードをいますぐ始めよう①

「ど素人」でも株で儲けられる！

日本経済に回復の兆し！ 上昇相場の波に乗ろう

最近、株、株、株とやけに世間が騒がしくなっています。それもそのはず、いまは株が儲かる時期なのです。

「失われた10年」と呼ばれたバブル崩壊後の長い不況を乗り越えた日本経済は、低迷期を脱して成長を見せ始めています。当然、多くの企業で業績が向上しており、株価全体も上昇する傾向にあります。ワシは、現在のように経済が回復し始めたときが「株」の買いどきだと思っています。将来、ほとんどの銘柄が値上がりすると予想されていますから、ある程度の知識を持ってきちんと銘柄を選び、ワシがおすすめする「中長期投資」というスタイルでじっくり待っていれば、株で損をする心配はないと言ってもいいでしょう。

株式投資で成功するには、将来、大きく成長し、株価の上がる銘柄を見分けることが重要なポイントになります。そして、現在の株式市場には業績向上が見込まれている優良企業がゴマンとあり、素人投資家であっても利益を出せるチャンスがあちこちに転がっています。くじでたとえるなら「当たり」を引ける確率が高いということです。

ワシは、日本経済の成長による恩恵を授かるには、株式投資が最適だと思います。銀行預金の金利がほとんどゼロに近い現在のような状況では、いくら銀行に預けても生活できるほどの利息はもらえません。しかし、企業の株を買えば、その企業の利益の一部を配当金として受け取ることができるのです。しかも、その金額は、年利にして数パーセントというのが〝当たり前〟です。さらに、値上がりした株を売却すれば、購入したときとの差額が儲けになるのですから、銀行に寝かせておくお金があったら株の購入に使いたいくらいです。

ネット証券を利用すればパソコン1台で取引できる

株式投資を始めるには、株を売買する窓口となる証券会社に口座を開いておく必要があります。これにはとくに難しい手続きは必要なく、銀行に口座を開くような感覚でOKです。もちろん、口座の管理料などはほとんどの証券会社が無料にしていますので、余計な出費の心配もありません。

株を売買するときは、昔はいちいち電話をかけて「○○株を2000円で買い」とか「××株が1500円になったら売り」とか、証券会社の営業マンを通して取引していました。しかも、取引の指示が出せるのは証券会社の営業時間内だけ。けっこう面倒だったんです。

ところが最近は、インターネットを利用して株を売買できるネット証券が登場したおかげで、株式投資が手軽にできるようになっています。パソコンの前に座ったまま、マウスをカチカチとクリックするだけで、好きな時間に取引でき、いろいろな銘柄の株価の動きなどもチェックできるのですから、こんな便利な道具を利用しない手はありませんね。インターネットのおかげで、ずいぶんと楽になったものです。近年の株式投資ブームは、このネット証券の登場がひと役買っているといえます。

また、1999年から株を売買したときに証券会社に支払う手数料が自由化されたのをきっかけに、手数料の引き下げ競争が始まりました。手数料は取引した金額に応じて変わり、証券会社によっても違いますが、だいたい数百円から数万円。ワシたちのような個人投資家にはこの手数料もバカにできません。安くなるのはありがたいことです。証券会社によっては少額の取引の手数料や、口座開設から一定期間の手数料を無料にするサービスを行なっているところもあるので、はじめのうちはそれらを活用するといいでしょう。

個人投資家が株を買いやすい時代がやってきた！

以前は、株を取引するときの最小の単位は1000株単位がふつうでした。一株が100円の銘柄を買うのにも、100円×1000株で10万円、数万円の銘柄を買うためには数千万円の資金が必要だったのです。これでは「ちょっと株式投資を始めてみようか」などと気軽には言えませんね。

しかし、現在では売買単位の商法が変更され、100株単位で買える銘柄が多くなっています。ここ数年のうちに株式市場に公開された若い企業の中には、最小単位を10株単位とか、1株単位にしているものも少なくありません。大好きなスイカを食べたいけれど、まるまるひとつでは多すぎるし、値段も高いという人のために、2分の1、4分の1にカットして売ってくれるような感覚と言えばわかりやすいでしょうか。

実際、株の取引が行なわれる「証券取引所」では、一般の投資家が株を買いやすくして市場を活性化するために、株の購入単位が50万円前後かそれ以内になるように企業側に要請しています。株式市場全体の動きとして、売買時の最小単位を引き下げたり、「株式分割」という方法によって一株あたりの売買価格を引き下げたりする企業が増えているのです。さらに、複数の投資家に共同で資金を出してもらうことで、最小単位の10分の1で株を売買できるようにする「ミニ株」というサービスを始める証券会社も登場するなど、少ない資金でも株を買いやすくなっています。ワシらのような個人投資家が軽い気持ちで株式市場に参入できる環境になってきたと言えるでしょう。

株式投資には2つの儲け方がある！

株式で儲けるのは2つの方法があります。中長期投資では、株価の動きによってどちらの方法でも利益を上げられます。

1.配当（インカムゲイン）

株式会社は「株主（株券を購入した人）」に対し、会社の利益に応じて「配当金」を分配します。これをインカムゲインといいます。

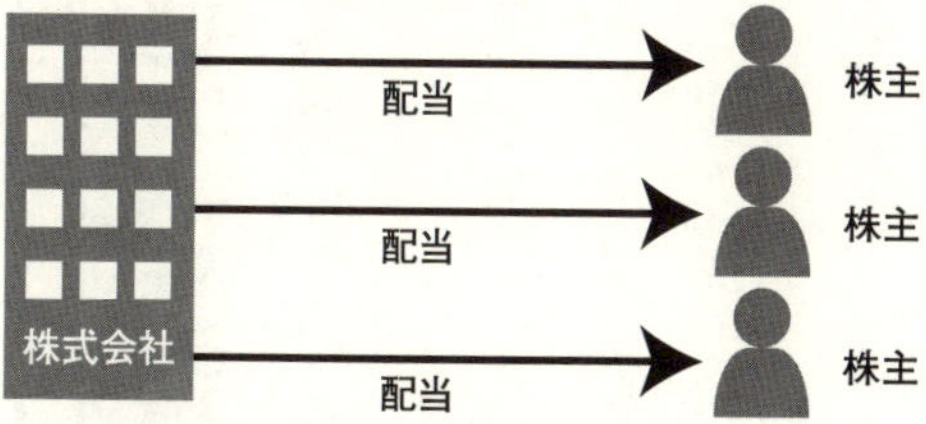

2.売却益（キャピタルゲイン）

購入した株券を別の人に売ることで利益を得ることができます。これをキャピタルゲインといいます。購入時の価格よりも高く売ることができればその差額が儲けになりますが、安く売るとその差額分を損することになります。

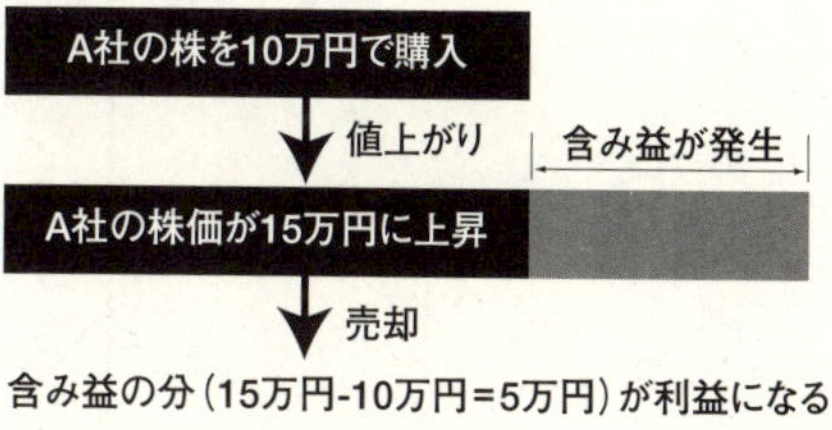

第1章 月イチ取引で儲かる マンスリートレードをいますぐ始めよう②

新聞やテレビで「話題の銘柄」をいくら買っても儲からない理由

新聞の情報を信じて動いてはいけない

経済の基本的な仕組みや景気の動向を知るために新聞を読むことは、投資家にとって大きな意味があるでしょう。でもワシは、朝刊で好業績に直結するニュースを見つけたからといって、すぐに買い注文を入れるといった株の買い方には賛成できません。新聞は何百万部も発行されているわけですから、その影響力はかなりのものです。投資家の多くも新聞を読んで、買いか売りかを判断しており、業績向上などの前向きなニュースが流れれば、その企業の株を買おうという人が増えることは目に見えています。最近は、携帯電話でも株の注文ができますから、サラリーマン投資家も通勤途中に買い注文を入れてくるでしょう。となると、あなたが買い注文を入れるころにはすでに株価が上がりきっていて、あとはジリジリと下がっていくというパターンに陥るのが関の山。

そんな買い方をしていては、購入時より株価が安くなる「含み損」をかかえることになってしまいます。運良く購入した銘柄の株価が上昇したとしても、やはり安心はできません。数日もするとニュースの存在は忘れ去られ、やはり株価が下がってしまう、というパターンも多いのです。

株価が上昇するようなニュースが発表され、実際にどんどん上昇し始めると、どうしても買いたくなりますが、本当に賢い投資家はそんなときでもグッとこらえます。株を買うのは株価上昇がひと息ついたときがいちばんだからです。ワシは株価の安いうちにひっそりと買っておき、実際に業績が上向いたときに売却して値上がり益を得るようにしています。こうした現象は、新聞に限らず、インターネットの情報や投資専門誌、週刊誌、噂話の類などでも起きることです。投資情報に接するときは、常に自制心を持たなければなりません。

「仕手株」に飛びつくのは大ケガのもと

新聞などで扱われない裏の話題株に「仕手株」と呼ばれるものがあります。仕手株とは、企業の業績とは関係なく、「仕手筋」と呼ばれる特定のグループの売買を中心に株価が乱高下する銘柄のことで、これといったニュースもないのに突然、株の取引が活発になり、値幅制限いっぱいまで株価が上昇したりします。華々しい値動きに思わず買ってしまいたくなるものですが、決して手を出してはいけません。

現在、仕手株情報の流通はインターネットが主流で、一般の投資家の目にも触れる機会が増えています。掲示板などには「大物仕手筋が介入中」といった、いかにもうさん臭い話が掲載されたりもしますが、こうした情報には必ず意図があります。仕手株は、仕手筋が特定の銘柄をあらかじめ買い増ししておき、そのあとで「株価が上がるらしい」という情報を流して一般の投資家を巻き込み、株価の上昇とともに売り抜けて、あとは知らんふりなのです。

インターネットがない時代、仕手筋たちは知恵を絞って、そのような情報を流していました。ある仕手グループは、政財界の重鎮が集まるような料亭に繰り出し、ふすまを開けっ放しにして「○○建設を上げるぞ～！」などと、大声を張り上げてドンチャン騒ぎをしたといいます。耳をそばだてた政財界の大物たちは、次々に株を買ったそうですが、仕手筋たちは株価の値上がりを待って売り抜け、その銘柄の株価はすぐに急落したといいます。

「だまされた！」と騒いだところで、投資したお金は返ってきません。新聞を読んで株を買っても儲けられないくらいなのですから、「ここだけの話なんだけど……」といったオイシイ話には裏があると疑ってかかるべきでしょう。

「出来高」の少ないときは絶好の買いどき

相場の世界に昔からある格言に「人の行く裏に道あり、花の山」というものがあります。簡単に言うと、株式市場で利益を得るためには、他人とは逆の行動をとらなくてはならないということです。

株価チャートの下に、「出来高」という棒グラフがあるのはご存知でしょうか？　これは売買された株の数を示すもので、ある銘柄の出来高が上がるということは、その銘柄を買いたい人が増えているということを意味します。それはつまり、その銘柄が注目されているということで、当然、株価も上昇してきますね。株価が上がると、さらにその銘柄に注目する投資家が増え、また出来高が増えて、株価が上がる……この繰り返しが起こります。株価が上がっているときは、好業績のニュースなどが発表されたことでマスコミが注目し、その情報を手がかりに多くの投資家が殺到している時期なのです。

しかし、ワシはそうした時期に株を買うのはおすすめしません。ある銘柄が話題になっているときは、すでに株価が上がりきっていることが多く、たとえうまく売り抜けることができたとしても、得られる値上がり益は少なくなります。逆に売り損なってしまうと、株価が急落して大損することになる可能性が高いです。

株価と出来高の関係を見てみると、株価が下がっているときや株価に変動のないときは、出来高も少なくなっていることがわかります。実は値上がり益を手にしやすいのは、このようなときなのです。誰にも見向きもされずにほったらかしになっているような時期こそ、絶好の買いどきといえるでしょう。

出来高が上がると株価が上がる

積極的に売買が行なわれると、出来高が上昇し、つられて株価も上昇します。株価の上昇はさらに多くの投資家の注目を集めるので売買もさらに積極的になるという現象が繰り返されます。出来高の上昇に株価が反応していないうちなら「買い」ですが、株価が上昇し始めてからでは「高値づかみ」になる危険性も高くなります。

三菱自動車（7211）の値動き

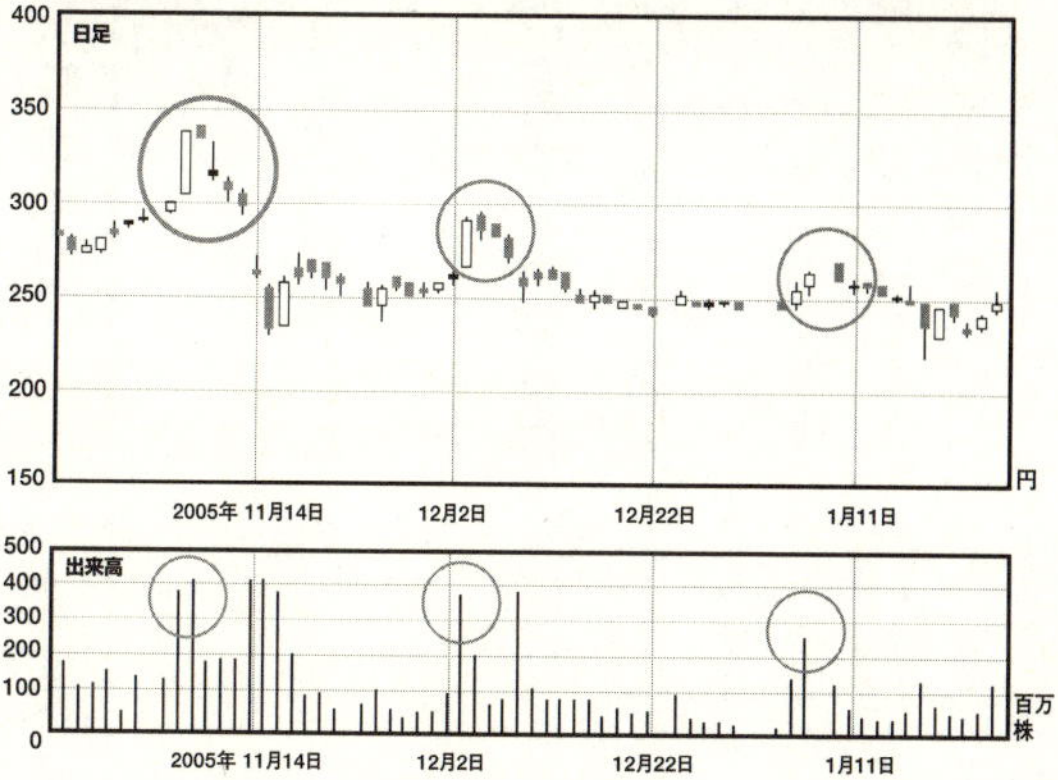

買って寝かせて20倍儲ける！

デイトレに疲れたあなたにおすすめの投資方法

ネット証券の登場で、デイトレードを始める個人投資家が急増しています。株式市場はまさに「デイトレ花盛り」といったふうですが、現実には「思ったように儲からない」という人は多いのではないでしょうか。デイトレードでは、刻一刻と変化する株価の動きに常に注目していなければなりませんから、専業のトレーダーにでもならないと利益は上げにくいのかもしれません。日中は会社で働いているサラリーマンやＯＬの方にはまず無理でしょう。

そんな方たちにワシがおすすめしたいのは、「中長期投資」です。中長期投資なら、極端な話、1カ月に1回、株価をチェックするだけでも儲けることができます。デイトレのような「タイミング」の勝負ではなく、中長期投資の武器となるのは「時間」だからです。シッカリ考えて購入した銘柄は一時的な値下がりは見せても最終的には上昇していきます。短期投資の場合は、限りある投資資金を効率よく運用しなければいけないため、株価が下がって買い値を5パーセント下回ったら売ってしまうといった手法がよく使われますが、中長期投資ではそれはご法度。売却せずに耐えていけば、株価はやがて値上がりし、利益を生み出すようになっていくものなのです。

損をしなければ利益は生まれる！　中長期投資の考え方

投資資金が少なく、利益に応じて企業から株主に支払われる「配当金」も少ないうちは、安いときに株を買って高くなったら売り、その売却益（キャピタルゲイン）を手にしていくことが、株式投資で儲けていくうえで必要不可欠です。中長期投資では、購入時よりも株価が下がって損をしてしまっても、その損が拡大するのを防ぐために売ってしまう「損切り」はしません。安くなったときに買い増しして平均の購入単価を下げるなど、損そのものを減らしていくほうが得策だからです（132ページ参照）。中長期投資の目的は儲けることではなく、損をしないことです。損をしなければ自然に利益は生まれてきます。実際、ワシの保有している株はすべて購入時より値上がりしている状態です。

また、株式投資で得られる利益は株価の上昇によるものだけではありません。ここ数年、短期間で売却益をねらうデイトレードが人気を集めているせいか、あまり注目されていませんが、株を長期保有しておけば配当金ももらえます。たとえば年に4000円の配当金を出している銘柄を10万円で買ったとすると、配当に変動がない限り、25年間持ち続ければ配当金だけで投資資金を回収できる計算になります。26年目以降は儲けを積み重ねていくだけですね。配当さえきちんと出し続けてくれるのなら、どれだけ株価が下がろうと関係ありません。

ですから、ワシなどは購入した銘柄は少なくとも半年は様子を見ます。そのうえでさらに保有していくか、売却して利益を確定してしまうかどうかを考えるのです。まだ値上がりしそうならそのまま保有し、より効率的に儲けられそうな銘柄がほかにあれば持ち株は売却し、手にした利益を別の銘柄に投資するわけです。適切な資金配分を行ない、適切な銘柄を選び、適切な売買を繰り返せば、じっくりのんびりとした中長期投資で大きく儲けることができます。

情報に踊らされない、株価の変動に一喜一憂しない

株価が上昇中の銘柄を「まだ上がる」と思って買ってしまったことはありませんか？ こんなときに買っても、たいていは株価が上がりきっていて「高値づかみ」ということになり、結果的に損をします。

また最近は、ネット証券のおかげでワシたちはいつでも株価をチェックできるようになりました。電話で確認していた昔と比べると、ずいぶん便利になったものです。でも、この便利さにも欠点はあります。毎日の株価変動に一喜一憂してしまうのです。購入した銘柄の株価がグングン下がっていくのは、見ていて気持ちのいいものではありませんからね。

「これ以上保有していたらもっと損をする！」

そう思って、つい売却してしまう人も多いでしょう。でも、それは大きな間

違いです。半年以上も同じ銘柄を保有し続けるのですから、毎日の株価変動に喜んだり、嘆いたりしているようでは体が持ちません。

仮にあなたが○○という銘柄を買ったとします。売却益を得るためには「できるだけ高く売りたい」わけですから、株価が向上するようなポジティブな情報を切望し、逆に下方修正の発表などがあったりすれば、思わず目を覆い、耳をふさぎたくなることでしょう。

「都合の悪い情報は見ざる、聞かざる」。これは現実逃避のように見えますが、中長期投資をするうえでは悪くない行為だといえます。中長期投資を行なう投資家にとって本当に怖いのは株価の値下がりによる損ではなく、投資した企業の〝倒産〟だからです。とくに初心者のうちは都合の悪い情報を素直に信じてしまい、必要のないところで損切りや利益確定をしてしまうことがよくあります。株価の値下がりに過剰反応してはいけません。中長期投資を始めるにあたっては、一時的に含み損が出ることは〝想定の範囲内〟だと考えて、どっしり構えてください。中長期投資では日々の細かい動きは気にせず、長期的な展望で取引を行なったほうが結果的には得をするのです。

株は寝かせて成長するまで見守る

年4000円の配当金を受け取れる株を10万円で購入したとすると、25年で投資分を回収できます。この時点でその企業が倒産しても収支はプラスマイナスゼロ。26年目以降に受け取る配当金は丸儲けです。仮に売却しても、その分は純利益となります。

現在
年4000円配当を出す株を10万円で購入

株価の変動は気にしなくてよい
4000円×25年で10万円 投資分は回収できる

↓

25年後
株価上昇＝含み益が発生している期待大　**含み益**

売却しない限り配当を受け取り続けることができる

↓

売却した場合、配当金は受け取れなくなるが、たとえ株価が下がっていても売却益は丸儲け

○ **毎日の株価変動は気にせず観測する**

選び抜いた銘柄は一時的に下がっても、いずれは上昇する可能性が高い。

× **値動きの多い急騰銘柄に手を出す**

株価の変動が気になり損切りをしてしまう。または高値づかみをしてしまう。

第1章　月イチ取引で儲かる　マンスリートレードをいますぐ始めよう④

30万円がたった16年で1億3000万円になる?!

株式投資は副業くらいがちょうどいい

株式投資で儲けが出始めると、投資資金を増やしたくなるものです。ワシもいつも思います。「もっと投資資金があれば、利益が増えるのになぁ」と。こう思ってしまうと、余裕のある資金は株式投資へつぎ込みたくなります。資金が増えることで利益がふくらむのであれば、こんなにいいことはないのですが、労働意欲が失われる危険性もあります。

「本業でチマチマ稼ぐのがバカらしくなったので、専業投資家になりたいと思っています」といった内容のメールをもらうことがあります。こうした相談をもちかける人に対しては、「どんな仕事でもいいから一定の収入を得て、そのお金で生活してください。株式投資はそのおまけとして運用し、巨万の富を作ってください」と返答しています。

株式市場は流動的であり、投資スタイルを確立したからといって、儲け続けられるという保証はありません。株式投資だけで生活費をまかなおうとすると、定収入があるときよりも運用成績が悪くなるケースが大半です。将来に対する不安で必要以上にプレッシャーがかかるのでしょう。本業の稼ぎだけでしっかり生活し、株式投資はあくまで余裕資金で行なうのが最良のスタンスです。

投資判断を鈍らせる「信用取引」は絶対しない

自己資金が乏しい場合、欲しい銘柄を購入することができずに、上がり続ける株価を、指をくわえて見ている……なんていう状況になることもあります。そんなとき「借金をしてでも勝負したい！」という誘惑にかられてしまうのも無理はありません。実際、ワシも借金をして株を買ったことがあります。そのときはなんとか利益を出すことに成功しましたが、損をすることをなんとか免れた……という程度の儲けです。経験から言わせてもらえば、借金をしてまで株を買うのは賢い方法ではありません。

ワシの場合はクレジットカードのキャッシング枠を使いましたが、利率は年2割超でした。株価がどうなるかわからない状況で、確実に毎年2割の利子を取られる。こんな状態では勝てるはずがありません。証券会社から資金を借りる「信用取引」ならクレジットカードよりも金利は安いとおっしゃる方もいるでしょう。が、それとて長期で持てば同じこと。長く持てば持つほど金利の負担は重くのしかかり、せっかく苦労して出した利益を食いつぶしていくのです。

また、借金は、中長期投資をするうえで値下がりリスクを回避するために重要な〝時間〟という武器を使えなくしてしまいます。例を挙げてみましょう。欲しい銘柄の株価が現在500円だったとして、450円まで下がったら買おうと決めていたとします。ところが、なかなか思うように下がってくれません。こんなとき、借金をしていると「なるべく早く買って、早く儲けたい」という心理が働くので、まだ490円までしか下がっていないのに勢いで買ってしまい、結果的に損をする……といったケースに陥りやすいのです。これは売りどきにもそのまま当てはまります。

借入金の返済期限が迫ってくると、さらに売り買いの判断は鈍ります。利益確保のための焦りや、損失拡大による恐怖にかられてしまうからです。平静を保つためにも自己資金以上の投資は絶対にやめましょう。

目先の数万円より数年後の1億円を目指す

長く投資を続けていると、ときには月収の5倍、10倍という額を1日で稼いでしまうこともあります。こうなると、ほとんどの人は金銭感覚がマヒしてしまうものです。ここで「パッと使いたい！」という欲望を抑えることができるかどうかが勝負の分かれ目。ここでガマンできると、その先はもっと素晴らしい世界が待っているのです。それを「利回り」から考えてみましょう。

ワシの夢は配当金だけで生活できる大株主になることです。ワシは関西の片田舎で暮らしていますが、1カ月30万円もあれば生活には不自由しません。年間にしても360万円あればいい計算です。ワシの最初の投資資金はたかだか

10万円でしたが、それが数年で300万円になり、ン千万円までふくらみました。でも、まだまだ配当金だけで暮らしていくことはできません。せめて1億円ぐらいの資産が必要でしょう。

「投資資金を1億円にする」というと、なにやら遠い未来のように聞こえなくもないですが、実は計算してみるとそうでもないんです。たとえばワシは、ここ数年、年50パーセントから100パーセントの利回りで投資資金を運用できています。いままで一度も証券口座からお金を引き出したことはなく、増えたお金は再び投資に向けてきました。たとえですが、1カ月の生活費である30万円を、年利50パーセントで運用できたと仮定してみましょう。すると、計算上は16年で1億3000万円を超える資産になるのです。

「資金が増えれば、そんな利回りは達成できないよ」という意見もあるでしょう。たしかにそういう側面もあります。でも、1日にン十万円儲けるよりも、ワシは数年後の1億円に魅力を感じて目標にしています。1億円の資金があれば、年間3～4パーセント程度の配当金の出る銘柄に乗り換えることで、毎年300～400万円の配当収入が得られるからです。

信用取引は借金である

借金をしてまで取引しない。信用取引の金利の負担はせっかくの利益を食いつぶしてしまいます。

信用取引のメリット

1. 自己資金以上のお金で勝負ができる。
2. どうしても買わなければならないときに勝負ができる。
3. 儲かったときの利益が大きい。

信用取引のデメリット

1. 借りたお金に対して利子がつく。
2. 返済期限があるので精神的余裕がなくなる。

30万円が16年後に1億円を越す！

投資資金30万円からスタートしても、年利50パーセントで資金を増やしていけば、16年後には1億3000万円を超えます。

1年目	30万円	9年目	×年利50% 約769万円
2年目	×年利50% 45万円	10年目	×年利50% 約1153万円
3年目	×年利50% 約68万円	11年目	×年利50% 約1730万円
4年目	×年利50% 約101万円	12年目	×年利50% 約2595万円
5年目	×年利50% 約152万円	13年目	×年利50% 約3892万円
6年目	×年利50% 約228万円	14年目	×年利50% 約5839万円
7年目	×年利50% 約342万円	15年目	×年利50% 約8758万円
8年目	×年利50% 約513万円	16年目	×年利50% 約1億3137万円

投資資金を3分割すれば暴落も儲けのチャンスになる！

投資資金は3分割してリスクを回避する

借金をせずに自己資金だけで投資をするためには、何をしたらいいのでしょうか？　当たり前のことですが、まずは必要な生活費を確保するということにつきます。食うや食わずで株式投資に入れ込んで病気にでもなったら、元も子もありません。たとえ購入した株券が紙くずになったとしても困らないだけの資金をためてください。ある程度の資金（１００万円が目安）を用意することができたら、まずそのお金を3分割します。それぞれの使い道は左記のとおり。

①初期投資用
②ナンピン買い用
③暴落時用

「**①初期投資用**」は、あなたが「この銘柄を買いたい！」と思ったときにその銘柄を購入するため。「**②ナンピン買い用**」は、買った銘柄の株価が下がったときに同じ銘柄を買い増しして持ち株の平均買付額を下げるため（132ページ参照）。「**③暴落時用**」は、市場全体が暴落したときに使う資金です（138ページ参照）。均等に33パーセントずつでもOKですが、全くの初心者なら初期投資用20パーセント、ナンピン買い用40パーセント、暴落時用40パーセントという配分がいいでしょう。ちなみにワシの場合は、より積極的に投資する意味で、初期投資用30パーセント、ナンピン買い用40パーセント、暴落時用30パーセントに配分しています。

ここで疑問をもった方もいらっしゃるでしょう。「買った銘柄の株価が下がらなかったらどうするの？」「暴落が起きなかったらどうするの？」と。確かに買った銘柄の株価が順調に上がる場合もありますし、市場の暴落がなかなか起こらない可能性もあります。その場合は、そのまま現金として持っておいてください。わずかですが証券会社の口座に預けておくだけで、銀行の普通口座に入れておくよりも高い利息がつくのです。

まれに、初期投資用の資金を1カ月程度の短期間であっという間に使い果たしてしまいそうになることがありますが、そんなときはナンピン買い用の資金を使わずに確保しておいて、半年後、もしくは1年後に使うようにしてください。そうしないと、損が大きすぎて売るに売れない「塩漬け株」が出来上がってしまいます。じっくり半年以上待って、それでもナンピンしたほうが賢明だと判断したときに使いましょう。

万全を期すなら初期投資資金をさらに分割

では、わかりやすい例として、自己資金１００万円を使ったシミュレーションを行なってみましょう。まず、初期投資用に30パーセント＝30万円を充当すると考えます。もちろんこれで30万円の銘柄を買ってもいいのですが、これをさらに細かく分ける方法がおすすめです。たとえば15万円、15万円と半分に分けるもよし、10万円、10万円、10万円と3つに分けるもよし、20万円、10万円と金額に差をつけるもよし。この配分は、欲しい銘柄を買うために必要な金額と照らし合わせて柔軟に対応すればいいでしょう。

仮に30万円の初期投資資金を15万円ずつ2分割したとしましょう。わざわざ2つに分けたということは、この時点で「15万円以内で2銘柄購入するぞ！」という意思表示をしたことになります。必然的に1000株単位で買える銘柄なら150円まで。100株単位で買える銘柄だと1500円まで。1株単位で買える銘柄だと15万円まで……という資金設定になりますね。

ほとんどの方は投資銘柄を先に考えてしまうようですが、最初に投資資金を設定してから、それに見合った銘柄を選ぶようにしてほしいと思います。

資金が少ないうちは2銘柄以上のまとめ買いはしない

初期投資資金を2分割したからといって、欲しい銘柄を2ついっぺんに買ってしまっては、そのメリットを生かせません。両方とも値下がりしてしまう可能性があるからです。これだけは絶対に避けたいところ。購入資金が少ないうちは、どんなに欲しくてもまとめ買いをしないことが大切です。2番目に欲しい銘柄への投資は、少なくとも1カ月の期間をあけてからにしてください。その間に欲しい銘柄の株価が値上がりしてしまい、15万円の資金では足りなくなってしまったら、それはそれであきらめましょう。

ここで忘れないでほしいのはどれだけ有望銘柄といえども、市場全体の動きには勝てないということです。最初の投資を行なった直後に株式市場が急落したとしても、まとめ買いをしていなければ、様子を見ることができます。1カ月後には、先の銘柄と一緒に買おうと思った時点より株価が安くなっている可能性だってあります。逆に値上がりしたのであれば、それはそれでOK。目標株価に達したなら売却して利益を確定しましょう。「まとめ買いしなかったから、儲け損なった!」などと考える必要はありません。初めての取引で失敗し、「二度と損をしたくないから」と株式投資をやめてしまう人もいるくらいです。だからこそ、はじめのうちは極力リスクを避け、慎重に取引することをおすすめしたいのです。

はじめに投資資金を3分割する!

●初期投資用:●ナンピン買い用:●暴落時用

[オーソドックス] 3:4:3

ワシが愛用しているタイプで、初期投資用を30パーセントにしてあります。どの銘柄が下落しても40パーセントのナンピン用資金で対応できます。ワシは、どんなに投資資金が増えても、この割合を崩しません。

[初心者オススメ] 2:4:4

初心者のうちは、初期投資用資金をおさえて、値下がりに備えたほうがいいでしょう。暴落用の40パーセントは、よっぽどの大暴落が起こらない限り、手をつけてはいけません。銘柄を慎重に選んで、少しずつ投資しましょう。

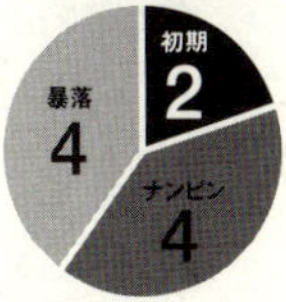

初期投資用資金をさらに分割する!

A 10万円で3つに分ける

慎重を期して10万ずつ3つに分割
必然的に購入銘柄が限られるのが難点だ

30万円 → 10万円 10万円 10万円

B 15万円で2つに分ける

投資資金を2分割した場合、購入できる銘柄はふたつまでになる
その分、3分割したときよりも高い銘柄が買える

30万円 → 15万円 15万円

C 20万円、10万円で2つに分ける

金額にメリハリをつけるのも手
これならば銘柄選択の幅もグッと広がる

30万円 → 20万円 10万円

売買手数料がいくらかかるか常に気にすること

証券口座はノーコスト！　気軽に口座を開設しよう

株は普通の商品と違って、ちょっと特殊です。たとえば魚を買いたければ、魚屋やスーパー（マーケット）に行きますよね。このスーパーに当たるのが「株式市場」です。株式市場は、「スーパー○○」という名前の代わりに「東京証券取引所」「大阪証券取引所」なんて名前がついています。

魚の場合、スーパーに行けば個人でも買えますが、株式市場の場合は個人に「株」を売ってくれません。どうすれば買えるかというと、「証券会社」という窓口を通すんですね。この窓口は「会員制」になっていますが、銀行口座のように、簡単な手続きを済ませて証券会社に口座を開くだけで会員になれます。どの証券会社に口座を開くかは自由ですが、証券会社によっていろいろと特色がありますので、自分の目的に合った証券会社を選ぶといいでしょう。

たとえば、引っ越しをして、それまで使っていた銀行が近くになかった場合、あなたはどうしますか？　いまではコンビニエンスストアのATMで様々な銀行のキャッシュカードを受け付けていますが、それでも窓口がないのは、やっぱり不安です。できるなら、近所にある銀行の口座を開いて、そこにお給料などを振り込むようにするのが便利なはず。株の世界もこれと同じで、自分に合った使いやすい証券会社の口座はどんどん開いてしまいましょう。数の制限はありませんから。しかも幸いなことにほとんどの証券会社は、口座維持のための手数料を取りません。新しく口座を作ったからといって、余分なお金がかかったりする心配もありません。証券会社によってオリジナルのサービスを提供している場合もあるので、それを利用する目的で口座を開いてもいいでしょう。

証券会社に口座を開くときは、直接証券会社に足を運んでもいいのですが、インターネットで証券会社のホームページに行き、資料請求するのが手軽でしょう。申込書が郵送されてきたら住所、氏名、電話番号などの必要事項を記入して返送し、証券口座にお金（投資資金）を振り込めば手続き完了。株の売買ができるようになります。

株売買はネットで！　自宅にいながら取引する

証券会社はいくつもありますが、ワシが証券会社を選ぶときの基準は、口座管理料が無料であること、取引手数料が格安であること、提供される情報が豊富であることの3つです。口座管理料が無料の証券会社は数多くありますが、取引手数料の安さという点では「ネット証券」がおすすめです。

ネット証券の場合、インターネット上ですべての取引を行なうので、証券会社の営業さんからアドバイスを受けたりすることはできません（その分、手数料が安いわけです）。が、証券会社の営業さんや専門家の言うとおりに売買すれば勝てるのかというと、そうとも限りません。株の売買についてはすべて自分の責任です。どうせ自分の責任でやるのなら、できるだけ安い手数料で、自分のスタイルで投資したいと思いませんか？

その意味で、ネット証券を利用する投資家には証券会社などから提供される「情報」が重要になってきます。どういう情報を重視するかは投資スタイルによって違ってくるので、ワシとしては「この情報を提供しているからこの証券会社がいい」とは言えません。証券会社のサービスの良し悪しは、実際に口座を開いて使ってみなければ細かなところまではわからないものです。興味のある人は、どんどん新しい口座を開いて、自分に本当に合った証券会社を調べてみるのもいいでしょう。

取引には手数料がかかる！　その分を考えて利益を出す

どの証券会社のメンバーになるかは個人の自由ですが、ワシたち個人投資家がいちばん注意しなければならないのが、〝売買手数料の安さ〟です。たとえば、100万円の株を買って101万円で売った場合、売却利益（キャピタルゲイン）は、101万円から100万円を引いた1万円です。しかし、取引を行なうには売買手数料がかかりますから、ここからその分だけ利益が減少します。

手数料が1000円なら残りの利益は9000円、
手数料が10000円なら残りの利益はゼロ、
手数料が15000円なら5000円のマイナス、ということになります。

このように、手数料の高い安いがそのまま投資成績につながりますから「いかに売買手数料の安い証券会社を選ぶか」で勝敗が左右されることもあります。ぜひとも、あなたにとって手数料がいちばん安くなる証券会社を選択していただきたいと思います。最近では、口座開設から一定期間は手数料がタダになるサービスを実施している証券会社がいくつもあります。ただし、売買手数料無料のサービスは、新規顧客獲得のための一時的なキャンペーンですから、一定期間が過ぎると有料サービスに移行します。無料サービスの期限が切れる前に、別に格安な手数料の証券会社に口座を持っておくことをすすめします。

また、それぞれの証券会社には特徴があり、1日の取引額の合計が10万円以下のケースに限って手数料を無料にしていたり、リアルタイムの株価情報を提供したりと、各社が独自のサービスを用意しています。

証券会社選びの3つのステップ

証券会社にはいろいろあって使いやすいところや情報が豊富なところ、手数料が安いところなど、それぞれ特徴があります。ワシが証券会社を選ぶ基準は「口座管理料が無料」「取引手数料が安い」「情報が豊富」の3点です。

1.少額の取引手数料が無料の証券会社

投資できる資金が少ないうちは、取引金額が10万円以下なら売買手数料が無料になる証券会社を利用します。

↓ 投資資金アップ

2.一定期間の手数料が無料の証券会社

取引額が大きくなったら、新規口座開設後、一定期間は売買手数料が無料になる証券会社を利用しましょう。期限切れが近づいたら順次同様のサービスを行っている証券会社に乗り換えていきます。証券口座はいくら持っていてもタダです。

↓ 一定期間経過

3.手数料が激安の証券会社

売買手数料無料サービスは、証券会社が赤字になるサービスですから、永久に続くわけではありません。もし、なくなった時に備えて、手数料が格安の証券会社にも口座を開いておきましょう。

どんなに株価が下がっても「損切り」はしないこと

安いうちに買って高くなるまで待つ

株式投資をしたことのない人は、必ずと言っていいほど「株式投資は儲かりますか?」とおっしゃいます。もちろん、やり方さえ間違わなければ儲かります。不景気のときに株を買い、景気のいいときに売ればいいのですから。ただし、ワシの場合、不景気のときに、さらに値段の下がった株を買いますので、他の投資家とはかなり異なった投資法を実践しているのではないかと思います。ワシのように格安の株を狙って買う投資家は、世間一般では〝ボロ株投資〟と呼ばれています。

「ボロ株」というのは、人間でいえば「入院患者」のような銘柄のことです。株価でいえば、だいたい100円前後の銘柄。とくに50円もしないような銘柄は「集中治療室」に入っていると思ってください。このような株は「低位株」とも呼ばれ、50円もしない低位株は「超低位株」と呼ばれて一般的には忌み嫌われます。ふつう株券の額面は50円ですから、50円未満というのは額面割れを起こしているわけです。30円の価値しかない50円玉を正規の50円で買う人は、まずいないでしょう。しかし、ワシはこういう銘柄が大好きなのです。なぜかというと、値上り率が大きいから。

集中治療室に入るほどの重症患者ですから、そのまま「仏さんになる＝倒産する」こともあるわけで、株券が紙くずになってしまうリスクもあります。でもその分、景気が回復して絶好調になるとスゴ〜イことになるのです。ボロ株の株価は、数倍に跳ね上がることがよくあります。ボロ株に投資する場合、銘柄の選択には十分注意しないといけないのですが、その方法をこれからお教えしましょう。

「狼狽売り」は負の連鎖を呼ぶ

買った値段よりも株価が下がってしまったとき、損は覚悟のうえで株を売る行為を「損切り」といいます。損切りをすると、さらに株価が下がった場合に損失の拡大を防ぐことができ、株券を現金化することで新たな投資を行なえるというメリットがあります。

しかし、ワシの投資術には「損切り」という言葉は存在しません。日本経済が回復し始め、株式市場全体では株価が上昇しているというのに、あわてて株を売る必要があるのでしょうか？　答えは「ありません」です。ところが残念というか、当然というか、投資に慣れていない方は「狼狽売り」をしてしまいます。狼狽売りとは、悪いニュースが流れて持ち株の株価が急落したときに、あわてて売却してしまう行為で、「パニック売り」とも言います。狼狽売りをした投資家は、気持ちに余裕がなくなり、損失を補てんしようと焦って儲かりそうな銘柄に乗り換えようとします。

しかし、考えてみてください。じっくり、慎重に選んで買った銘柄ですら値下がりしてしまうのが株式投資の世界。そんなに簡単に値上がりする銘柄をポンポン選び出すことができるでしょうか？　損切りした銘柄と違ってグングン値上がりしているかに見えた銘柄に飛びついてみたものの、買った途端に値下がりして再び大きな損失をかかえるハメになり、結局はその銘柄も損切り……というのが最悪のパターンです。この負の連鎖を断ち切れずに投資資金を減らしてしまい、株式市場からの撤退を余儀なくされる投資家のなんと多いことか。

そんなときは、株価が回復するまで待てばいいのです。中長期投資という考え方に立てば、株価が多少値下がりしたところであわてることはないのです。

自分なりの売買ルールを決め、それを必ず守ること

株式投資の世界で有名な格言にこんなものがあります。

「〝もう〟は〝まだ〟なり、〝まだ〟は〝もう〟なり」

もう下がらないだろうと思って購入した銘柄の株価がさらに下がる。逆に、まだまだ上がるだろうと思って保有していた銘柄の株価が上昇をやめて下がってしまう。株を売買するタイミングは難しいものです。

株式投資を行なっていると、株価の暴騰や暴落を必ず体験します。しかし、いつまでも上昇し続けたり、下落し続けたりすることなんてありません。そんなことはわかっているのに、株価が上昇しているとなかなか持ち株を売ることができない、株価が下落し始めると怖くなって売ってしまう……。そんなことをしていたらいつまでたっても株式投資では勝てません。

株価が暴騰しているときは「まだ上がる」と思ってなかなか売れないものですが、どこかで売らなくては利益を出せません。そのためには、買い値の○倍になったら売るというルールを決めて、必ず実行してください。「暴騰時に売り、暴落時に買う」。これが実践できる人は絶対に負けないと言っていいでしょう。

ワシは利益確定ルールのひとつとして、買い値の2倍を目安にしています。購入した銘柄の株価が2倍以上になり、最高値をつけた時点から10パーセント下がったら売るのです。例えば100円で買った銘柄が200円まで上がったところで下がり始めたら、そこから10パーセント下がった時点、つまり180円になったところで売るわけです。220円まで上昇した場合は、そこから10パーセント、つまり22円下がった198円で売るということですね。

高値から10%下がったら売る!

「買い値の○%になったら売る」という自分なりのルールを決めてそれを必ず実行すること。

買い値の2倍に設定した場合

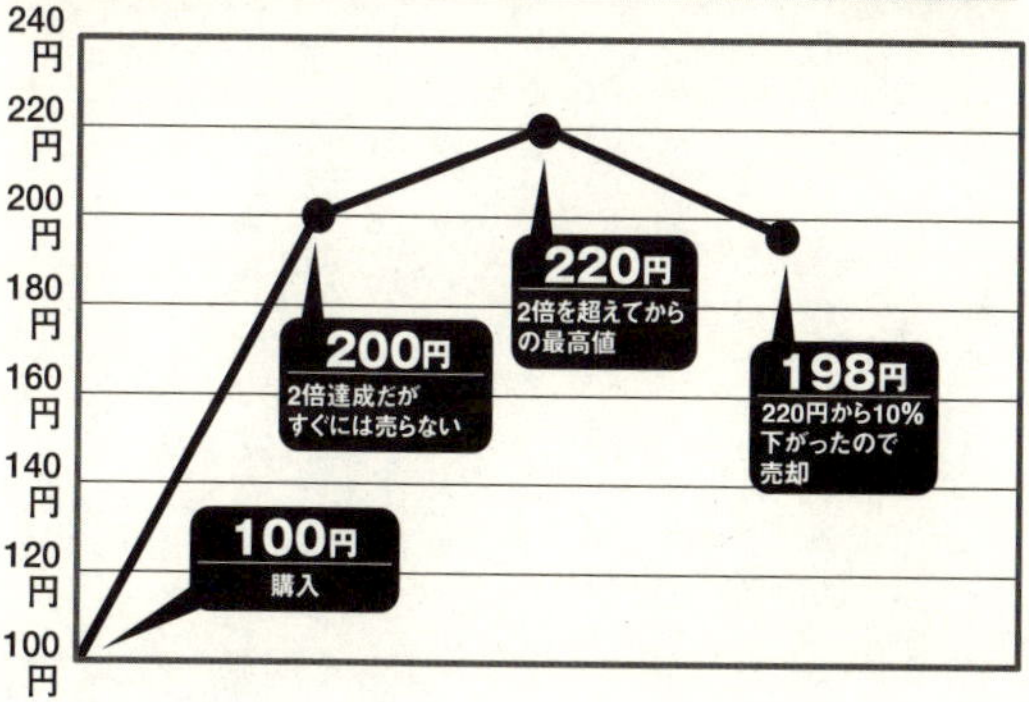

100円で買った株を2倍の200円で売ろうと決めた場合、株価が200円になったからといってすぐには売らない。しばらく値動きを追って、200円を超えてからの最高値から10%下がった時点で売却する。たとえ株価が199円まで上がったとしても、目標株価の200円に届かずにズルズルと下がってしまった場合は、売却せずに持ち株にしておく。

金持ちってどんな人？

『金持ち父さん　貧乏父さん（ロバート・キヨサキ著　筑摩書房）』では著書の中で「金持ち」とは「毎月のキャッシュフローが毎月の総支出を上回ること」が最低条件だと言っています。ここでの「キャッシュフロー」とは「不労所得」。つまり、「自分で働かなくても毎月入ってくるお金」のことです。これが、毎月使うお金を上回ったら良いらしいです。わかりやすく言うと「働かなくても現在の生活が死ぬまで続く状態」のことだといえそうです。

だから、これにあてはめると「医者や弁護士でベンツを乗りまわしてる人間が金持ちか？」と聞かれれば、もちろん答えはNO。「フリーターで月10万しか稼げない人間でも金持ちはいるか？」と聞かれれば、答えはYESになります。

それでは、いったいいくら必要なんでしょうか？

サラリーマンが定年するまでに稼ぎ出す賃金は、大学卒で約2億9000万円。つまり、現時点であなたが2億9000万円以上の資産を持っていれば、幸せな状態であるといえます。もちろん、就職されている方はすでにある程度稼いでいますので、その分を差し引いた額が「金持ち」であるために必要な金額となります。今後、この金額を仕事と株式投資の両方で稼ぐことができれば、ずいぶん早く「金持ち」になれるのではないでしょうか？

第2章

誰も教えてくれなかった
株価が高騰する銘柄の選び方

第2章　誰も教えてくれなかった　**株価が高騰する銘柄の選び方①**

銘柄選びは慎重に！一時的な情報に左右されない

購入銘柄は慎重に選ぼう

株式投資を始めた方の中には「○○社のパンはおいしいから、○○の株を買ってみよう」みたいに、身近なことをきっかけに投資する方もいるでしょう。でも、こうした自分だけの直感に頼って投資をするのは危険です。投資をする前にまず立ち止まって考えてください。そのパンは、売れ筋商品ですか？　あるいは将来的に売れ筋商品になる見込みはありますか？　自分だけがおいしいと感じていても他の人が買ってくれなければ売上の拡大にはつながりません。

また、たとえそれが売れ筋商品だったとしても、やはり注意が必要です。誰もが知っているような商品でも、業界全体が過当競争しているのであれば利益率は低く、企業に利益をもたらしません。生活に根ざした投資をするなら、「その商品は利益を生むのか?」というところまで踏み込んだ分析が必要なのです。

慎重に判断すべきなのは、他人のアドバイスに対しても同じです。世の中には株式投資評論家という人々がいて、たとえば、持ち株の株価が値下がりして頭をかかえている投資家に「すぐに損切りをしましょう」と処方箋を出します。でも、損切りをしてしまったら「相場が回復したときに儲け損なう」という副作用があることも考えておくべきです。ちょっとやそっとの値下がりで損切りするようでは、せっかく慎重に銘柄を選んだことが無駄になってしまいます。

新聞、雑誌、クチコミ、インターネットの掲示板などなど、株の世界でも毎日のように様々な情報が飛び交っていますが、情報はあくまでも情報として受け止め、自分の投資スタイルを守っていきましょう。とくに「含み損を気にしない」というのは、ワシの中長期投資手法の核となるルールです。これだけは誰が何と言おうと、変えません!

投資スタイルによって銘柄の選び方は異なる

株式投資で儲ける方法には、配当金（インカムゲイン）を受け取る方法と、売却益（キャピタルゲイン）を受け取る方法があります（25ページ参照）。配当金をねらう場合、短期的な株価の変動はたいした問題ではありません。配当は株価に関係なく、配当額×持ち株数で計算されるからです。問題になるのは、その銘柄の配当の利回りは何パーセントか？　ということ。ですから、株主優待なども含めて、いちばん配当利回りの高い銘柄を選んで購入すればよいということになります。

では、売却益をねらう場合はどうでしょう。この場合は、デイトレードのような短期投資か、ワシのような中長期投資かで、選ぶべき銘柄が変わってきます。どちらも「安いときに買って高いときに売る」というのが基本ですが、短期投資の場合は、株価の短期的な変動の幅が大きい銘柄に注目します。株価の変動が激しい銘柄のほうが、利益を上げやすいということですね（適切なタイミングで売買できればという条件つきですが）。これに対し、中長期投資では株価の短期的な変動は気にしません。長期的な目で見れば、株価は企業の業績に反応して変動するものだからです。つまり、業績が向上している企業の株価は、いつか必ず上昇するということ。中長期投資では、業績が向上しているにもかかわらず、まだそれが株価に反映されていない銘柄、または業績が向上する見込みの銘柄をねらうのが正解になります。ワシの場合は『会社四季報』を活用してそのような銘柄を探しています。

『会社四季報』は必須！ データの蓄積が勝ちにつながる

株式投資のバイブルとして昔から投資家が愛読してきたのが、東洋経済新報社が年に4回発行している『会社四季報』です。もちろんワシも、儲けさせてくれそうな銘柄を探すときに活用しています。『会社四季報』は、たとえて言うなら会社の〝通信簿〟。創刊70周年と歴史が古いだけあって投資家からの信頼も厚く、必要な情報がコンパクトにまとめられています。企業が発表する〝手前味噌〟の来期予想ではなく、客観的な判断が掲載されているので、ワシは決算書よりも『会社四季報』の記事のほうを重視しているくらいです。

ワシの『会社四季報』の読み方は、新しいのが出ると、まず1ページずつ1日かけて精読します。気になる銘柄があったらページを折り曲げておき、2～3回は読み返しますね。その中で、大株主に財閥系企業の名前がある銘柄、株価が300円以下の銘柄を探します。あたりをつけると、その銘柄の業績欄に目を移し、現状が赤字でも予想では黒字に転換する銘柄にねらいを定め、そこから株価の割安、割高を評価する……という感じでしょうか。

ワシは『会社四季報』を読むときは、過去のデータと比較しながら読み比べることが多いです。企業の経営状態などがどう変わってきたかを知るために、昔の『会社四季報』を引っ張り出すわけです。もちろんこれは『会社四季報』を毎号買っているからできること。前号、前々号ではどうだったかを確認するためには、毎号買う必要があるんですね。『会社四季報』は定価が1750円もするので、年末度の決算が反映されている6月（夏季号）しか買わないという人もいるようですが、これだけはケチケチせずに毎号買ってほしいです。ワシは東洋経済新報社の回し者ではありませんが、ぜひともそろえておきたい本といえるでしょう。

成長株を探し出す3つのステップ

半年、1年という長期にわたって保有し続ける銘柄ですから、慎重に慎重を重ねて選びたいところです。ワシは、下のような手順で購入する銘柄を絞り込んでいきます。

①大株主と株価をチェック

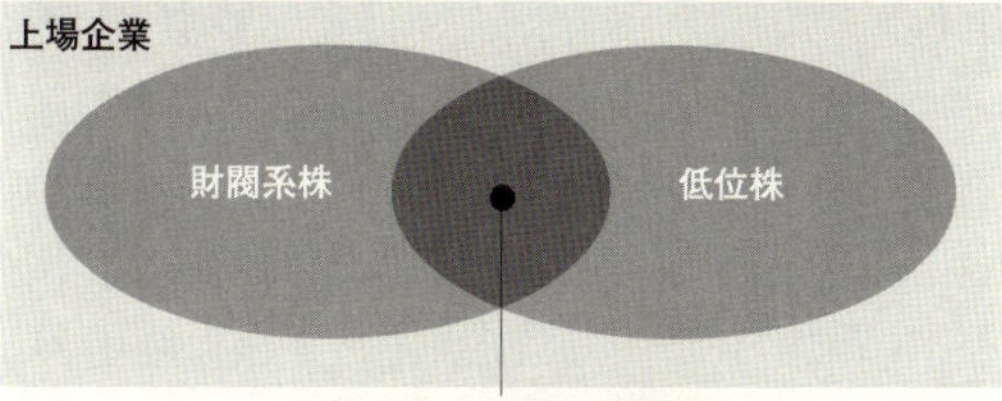

★なべさんはココを買う!

②PERとPBRをチェック

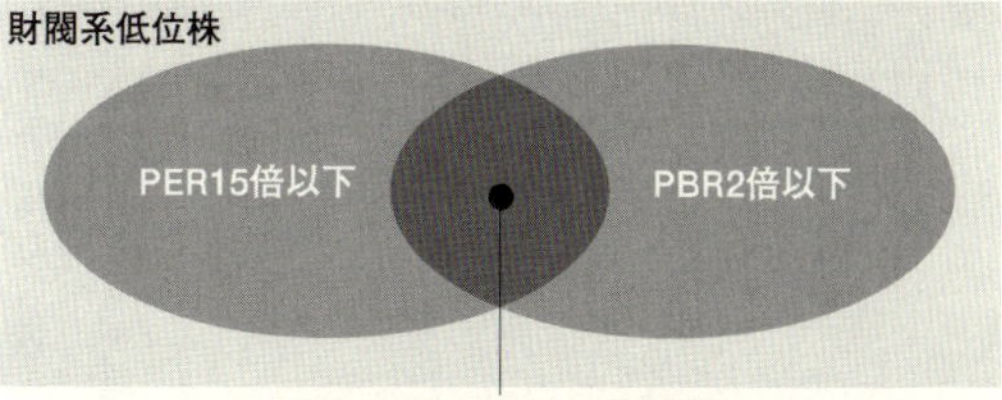

★なべさんはココを買う!

③その他の好材料をチェック

- 【コメント】欄に前向きな言葉がある
- 業績が黒字転換している
- 人気銘柄は切り捨てる

第2章 誰も教えてくれなかった **株価が高騰する銘柄の選び方②**

絶対に倒産しない財閥系企業がねらい目

中長期投資では倒産しない企業を選ぶのが基本

株式投資では、その銘柄の株価がいくら下がろうと、その企業が利益を出している限り配当金は受け取れます。が、倒産してしまったら、その銘柄の株券はただの紙くず。ワシは〝ボロ株〟と呼ばれる低位株が大好きなので、普通の投資家の方と比べると倒産企業に出くわす可能性が高いです。もちろん、低位株ではない企業でも倒産する可能性はあります。しかし、過去のデータから見ると、ほとんどの倒産企業が１００円前後の低位株。だからこそ、倒産リスクを避けるために慎重な銘柄選びをしているわけです。

倒産しないという意味では、ワシの場合、財閥系企業を買うという方法をとっています。どんなに業績の悪い企業でも、財閥系なら減資もしくは吸収合併という形で済んでいます。ワシが調べた限りでは、企業の倒産という、最悪の事態に陥ったケースは見つかりませんでした。

なぜ、財閥系企業は倒産しないのでしょうか。ワシは、ひとつを倒産させてしまうと、ほかのグループ企業の株価がすべて暴落して

倒産時の株価は100円前後が多い

●倒産時の株価（一例）

社名	前日株価(円)	前々日比
東洋製鋼	160	△ 3
ライフ	180	▲10
第一ホテル	114	0
ナガサキヤ	53	△ 2
そごう	67	▲11
藤井	66	0
川崎電気	75	△ 2
赤井電機	10	▲ 1
靴のマルトミ	41	▲ 1
富士車輛	95	▲ 1
池貝	103	△ 2
大倉電気	113	▲ 1
富士工	60	▲ 1

(△→+／▲→−)

しまうからだと考えています。たとえば住友○○が倒産したとしましょう。すると「住友グループは系列企業すら助けられないほど弱体化したのか」と周囲から評価され、「住友」と名のつくあらゆる企業の株価が暴落してしまうのです。財閥系に限らず、グループ企業は株式の持ち合いをしているのが普通ですから、そのうちのどこかひとつでも倒産すると、一気に「株式の評価損」→「業績悪化」→「さらに株価の下落」→「株式の評価損の増加」という地獄のループに陥ってしまう危険性があります。財閥系企業にしてみればこれはまずい。そこで「みんなで助け合おう」と考えるのではないでしょうか。

その企業が財閥系かどうかは『会社四季報』の【株主】欄を見ればすぐわかります（76ページ参照）。

財閥系低位株はローリスク&ハイリターン

低位株を中心とした取引の最大のメリットは1株単位の投資額が少なくて済み、株式投資のリスクをより低くできるということです。とくに初心者の場合は、初期投資資金は数万円から数十万円程度でしょう。少ない投資資金を値上がり率の低い銘柄にあててしまっては、大きな利益は出せません。初心者は、とにかく値上がり率の高い銘柄を徹底的に追求していくべきです。低位株なら株価も安いので、初期投資資金が少なくても買えます。しかも低位株の値上がり率は高く、上がり始めたら2～3倍になることもザラです。

「倒産しない財閥系銘柄」「値上がり率の高い低位株」というふたつの条件を組み合わせて、ワシがひたすら仕込みを入れたのが住友金属工業です。住金を最初に買ったのは2002年の春。株価が51円のときでした。そこから徐々に買い下がっていったのですが、全く上がらないので、しばらく買うのをやめました。そして2002年の11月に43円をつけた時点で仕込みを再開。しかし、43円→42円→40円→39円→38円→37円……。上場来安値となる36円まで落ち込んだときには、さすがにヤバイと思いましたが、それでもワシは耐えたんです。

低空飛行を続けていた住金が上昇気流に乗ったのは2003年の春から。業績修正にともなって徐々に上がり始め、夏には80円を突破、83円をつけた時点で一部を売却し（実はその後、65円まで下がったので買い戻しました）、2倍を超える売却利益を得ることに成功しました。

財閥系の銘柄は業績向上で株価が倍増する!

その企業が利益を上げられるようになれば、早い遅いの違いはあっても、いつか必ず株価に反映します。これはワシの信念ともいえるものです。だからワシは、いまは業績が良くなくても将来的に黒字に転換しそうな銘柄がないか、いつもチェックしています。とくに財閥系銘柄は、業績が上がり始めると株価が急上昇しやすいようで、住金のケースでも業績修正の発表後、数カ月で約2倍に跳ね上がっています。

財閥系企業はネームバリューがありますから、業績に変化があれば、多くの投資家がその動向に注目します。そして業績が向上し始めれば、それにともなって銘柄が買われるようになり、さらに注目を集めることになるので、加速度的に株価が上昇するというわけですね。ワシが「財閥系の低位株は上昇し始めたら2～3倍になる」と言った根拠はこのあたりにあるのです。

ワシが財閥系の、しかも低位株をおすすめする理由がわかっていただけたでしょうか?

財閥系低位株は急騰する！

ワシが中長期投資を始めるきっかけになった銘柄です。上昇までずいぶん待たされましたが、結果的には大成功といえるでしょう。

住友金属工業(5405)の値動き

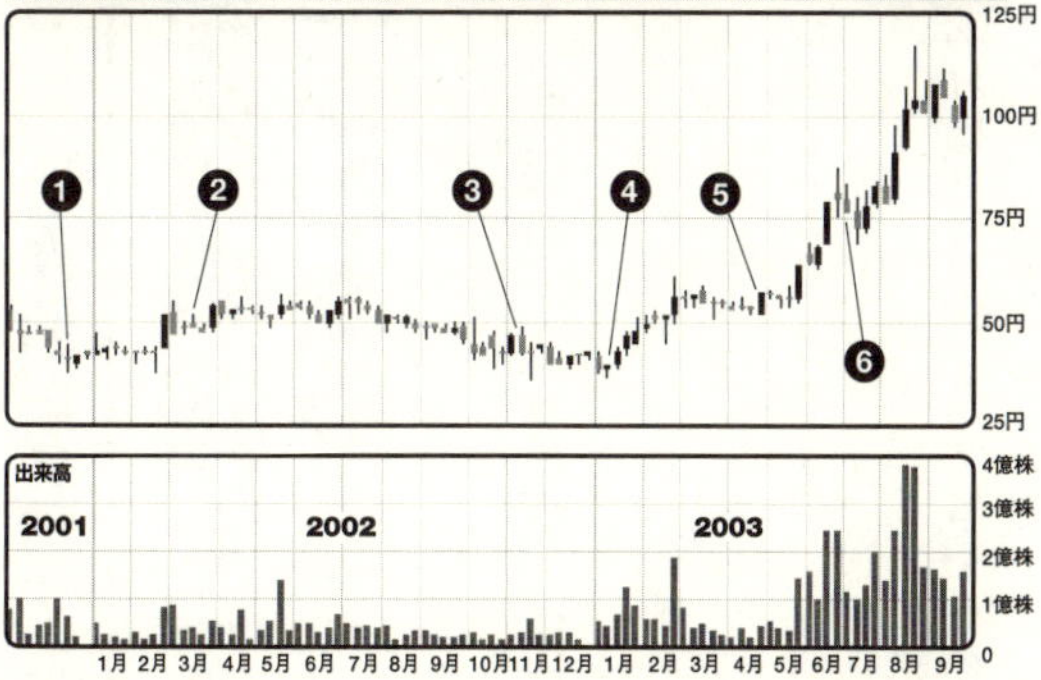

❶ 2002年　春……………………住友金属工業が倒産するという噂を耳にする。
❷ 2002年3月18日　51円買い…つぶれないという感触を得て51円で購入開始。
❸ 2002年11月15日　43円買い…再び仕込みを開始。少しずつ買い下げていく。
❹ 2003年1月9日　39円買い…02年の年初来安値よりもさらに1円下げて36円。やや不安になる。
❺ 2003年　4月……………………業績修正で株価は上昇。
❻ 2003年7月2日　83円売り…買値の2倍になったのでどっさりと売り抜いた。

『会社四季報』の【株主】欄で「財閥系」がわかる

大株主を調べて「財閥系」なら投資対象になる

『会社四季報』の記事の中で、ワシが最初に注目するのは【株主】欄です。ここには銘柄を選ぶときに重要な情報が載っています。その第一は、大株主の上位にどんな名前があるかということで、上位の株主を見ればその企業がどの企業グループに属しているか、あるいはどの会社の子会社なのかがわかります。外国の企業名があれば外資系、創業者やその一族が上位にいるようなら、オーナー支配の会社だと思っていいでしょう。

【株主】欄でワシがチェックするのは、その企業が「財閥系かどうか」です。財閥系とは「三井」「三菱」「住友」の3グループ。たとえば三菱自動車では、大株主の上位には三菱重工業、三菱商事、東京三菱銀行などの名前が並びます。全株数の20〜30パーセント程度を財閥系が所有しているものも、財閥系と判断していいでしょう。ワシのように株価が300円以下の銘柄をねらう〝ボロ株投資家〟は、投資先の「倒産」という最大の悲劇に見舞われるリスクが高いのですが、財閥系なら安心というわけです（70ページ参照）。また、財閥系の銘柄はネームバリューがあるため、株価が上昇し始めると、わりと短期間で2倍、3倍に跳ね上がることが期待できます。実際、ワシは住友金属工業という、倒産の噂までささやかれた企業の株を買い、ひたすら値上がりを待った結果、資産を数倍にすることができました。

自社株買いをしている企業に注目する

【株主】欄には、もうひとつチェックポイントがあります。それは「筆頭株主が自社になっているかどうか」で、ワシはそういう企業も投資の対象にしています。筆頭株主が自社になっている企業は、自社株買いを行なっている可能性が高いのです。通常、企業が自社株買いを行なうときは、

●償却

●M&A（企業買収）対策

●ストックオプション

の3つが考えられます。

「償却」は、企業が自社の株価が割安だと判断したときに市場から自社の株を買い、一般の投資家が購入できる株数を市場から減らすこと。発行済み株式数を減らすとその分だけ資本金も減ることになりますが、自己資本比率を高めたり、一株当たりの利益などを上げたりすることができ、結果的には株主所有の株券の価値を高めてくれるというありがたいものです。

また、「M&A対策」は、買収する側が相手の企業に譲渡するための自社株を用意する（株数や借り入れを増やさずに済む）意味と、買収される側の対抗策

としての意味があります。これらはIR情報として公開されますので、企業のホームページなどで情報を収集していればわかるでしょう。

しかし、問題は社員に配るための「ストックオプション」です。ストックオプションは、その企業の役員や社員が与えられる報酬のひとつで、あらかじめ決められた価格で自社株を買う権利のことです。その価格より株価のほうが高ければ、その差額分だけ資産を増やすことができます。ストックオプションの場合は、売却の解禁日に、社員が持ち株をいっせいに市場へ売却し、株価を下げてしまう可能性があるのですが、この解禁日は公表されません。

自社株を買っているにもかかわらず、償却およびM&Aではないというふうに、消去法で考えればストックオプションの可能性が高いことがわかりますので、そのような銘柄を購入するときは十分にチェックしましょう。

大株主の変動は株価に大きな影響が出る

いまの市場のトレンドは〝大株主の変動〟です。村上ファンド（MACアセットマネジメント）の介入やセブン－イレブンとイトーヨーカ堂の親子逆転現象などで株価が高騰した例もあるように、ワシ自身は大株主の変動時はねらい目と思っています。とくに村上ファンドは「村上ファンドが買った」というだけで株価が上がるので要注目です。正直、すごくうらやましい。ワシも、ワシが買った銘柄を言うと上がるようにならないかな……なんて思います。冗談はさておき、このあたりは株価にも大きく影響しますので要チェックといえます。

そのほかでは、最近だと外資系企業が大量に株を買い占めたという情報が出てくると、株価が上がるというケースが多いようです。『会社四季報』の【株主】欄には〈外国〉として外国人の持ち株比率も掲載されています。「外国人投資家は優良株に投資する」とか「外国人投資家は売買がうまい」といったイメージが強いので、一般投資家の人気が集まるのでしょう。

同じ理由で、投資信託の持ち株比率もチェックしておきたいところです。投資信託とは、その運用機関が投資家たちから集めた資金を投資し、それによって得られた売却益（キャピタルゲイン）で配当を行なうものです。外国人投資家や投資信託の持ち株比率が高い銘柄は、あるタイミングで大量に売られて株価を下げることがありますので、購入するときは注意してください。

【株主】欄のチェックポイント

会社『会社四季報』の【株主】欄には、銘柄を選ぶために重要な情報が数多くあります。上位株主だけでなく、外国人投資家や投資信託など、様々な角度から「深読み」して、有望株を見つけ出しましょう。

【株主】㊥8,372名〈05.9〉　万株
SNFEマックジャパン・アクティブ
　シェアホルダーF 1,708(9.3)
メロンバンク・トリーティー・クライ
　アンツオムニバス 1,081(5.9)
日本トラスティ信託口 927(5.0)
三井住友海上火災 829(4.5)
日本マスター信託口 776(4.2)
住友不動産　654(3.5)
住友信託銀行　508(2.7)
住友生命保険　359(1.9)
ステート・ストリート・バン
　ク&トラスト　359(1.9)
三井住友銀行　355(1.9)
〈外国〉33.2% 〈浮動株〉14.0%
〈投信〉 3.6% 〈特定株〉41.7%
【役員】㈳安部正一 ㈻早川幹一郎 賀川郁夫 ㊔脇田勇治 石川博 児玉晴彦 ㈹藤井威 ㊕久田茂雄 ⇨巻末
【連結】井住運送, ニッケル. エンド. ライオンス
〈中05.9〉27(4)社

①財閥系か、財閥系の名前があるか

・三井、三菱、住友の名前で持ち株比率20パーセント以上ならOK

②自社株買いをしているか

・償却およびM&A対策ならOK

・理由が見当たらないときはストックオプションの可能性が大きいので要注意

③大株主に変動があるか

・村上ファンドが買っていれば買い

・その他、大きな変動があれば買い

④外国人、投資信託の名前があるか

・外国人および投資信託の持ち株比率が高い場合は要注意

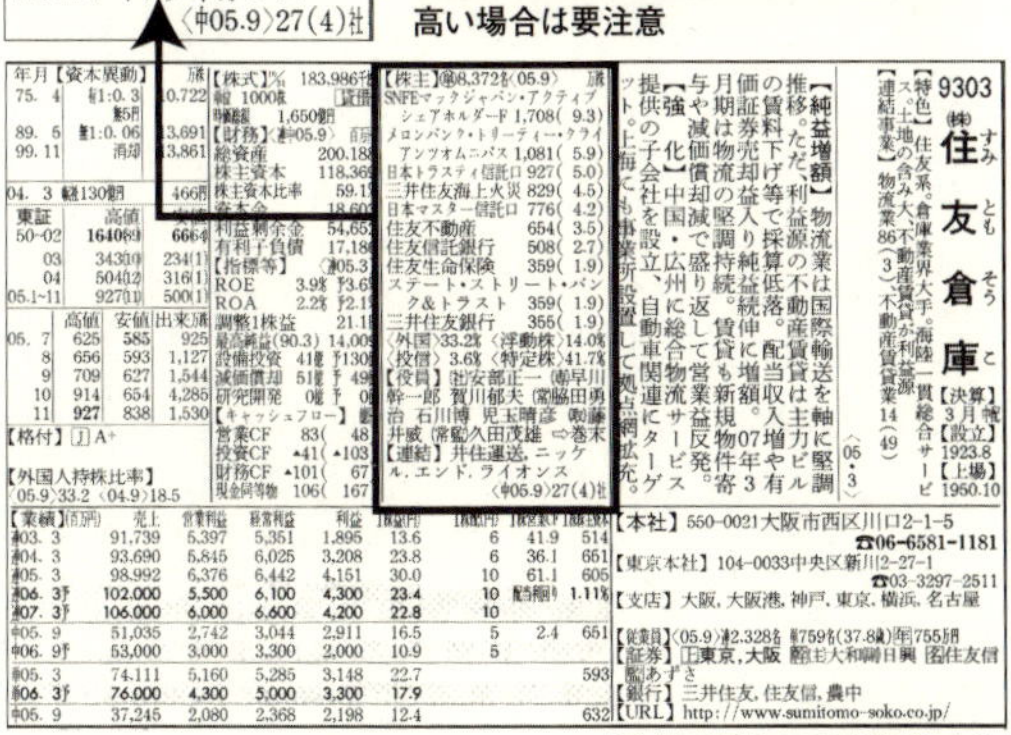

9303 ㈱住《すみ》友《とも》倉《そう》庫《こ》
【決算】3月 【設立】1923.8 【上場】1950.10

【特色】住友系。倉庫業界大手。海陸一貫総合サービス。土地の含み大、不動産賃貸が利益源
【連結事業】物流業86(3)、不動産賃貸業14(49)〈05・3〉

【純益増額】物流業は国際輸送を軸に堅調推移。ただ、利益源の不動産賃貸は主力ビルの賃料下げ等で採算低落。配当収入増や有価証券売却益入り純益続伸に増額。07年3月期は物流の堅調持続。賃貸も新規物件寄与や減価償却減で盛り返して営業益反発。
【強化】中国・広州に総合物流サービス提供の子会社を設立、自動車関連にターゲット。上海にも事業所設置して拠点網拡充。

【株主】㊥8,372名〈05.9〉 万株
SNFEマックジャパン・アクティブシェアホルダーF 1,708(9.3)
メロンバンク・トリーティー・クライアンツオムニバス 1,081(5.9)
日本トラスティ信託口 927(5.0)
三井住友海上火災 829(4.5)
日本マスター信託口 776(4.2)
住友不動産 654(3.5)
住友信託銀行 508(2.7)
住友生命保険 359(1.9)
ステート・ストリート・バンク&トラスト 359(1.9)
三井住友銀行 355(1.9)
〈外国〉33.2% 〈浮動株〉14.0%
〈投信〉3.6% 〈特定株〉41.7%
【役員】㈳安部正一 ㈻早川幹一郎 賀川郁夫 ㊔脇田勇治 石川博 児玉晴彦 ㈹藤井威 ㊕久田茂雄 ⇨巻末
【連結】井住運送, ニッケル. エンド. ライオンス
〈中05.9〉27(4)社

年月【資本異動】		万株
75. 4	有1:0.3	10.722
	無5円	
89. 5	無1:0.06	13,691
99. 11	消却	13,861
04. 3	転130億円	466万株

東証	高値	安値
50~02	1640(89)	66(64)
03	343(10)	234(1)
04	504(12)	316(1)
05.1~11	927(11)	500(1)

	高値	安値	出来万株
05. 7	625	585	925
8	656	593	1,127
9	709	627	1,544
10	914	654	4,285
11	927	838	1,530

【格付】J A+

【外国人持株比率】
〈05.9〉33.2 〈04.9〉18.5

【株式】% 183,986千株
単位 1000株 貸借
時価総額 1,650億円
【財務】〈連05.9〉 百万円
総資産 200,188
株主資本 118,369
株主資本比率 59.1%
資本金 18,602
利益剰余金 54,652
有利子負債 17,180
【指標等】〈連05.3〉
ROE 3.9% 予3.6%
ROA 2.2% 予2.1%
調整1株益 21.1
最高純益(90.3) 14,009
設備投資 41億 予130億
減価償却 51億 予 49億
研究開発 0億 予 0億
【キャッシュフロー】億円
営業CF 83(48)
投資CF ▲41(▲103)
財務CF ▲101(67)
現金同等物 106(167)

【業績】(百万円)	売上	営業利益	経常利益	利益	1株益(円)	1株配(円)	1株純資産(円)	1株株主資本
連03. 3	91,739	5,397	5,351	1,895	13.6	6	41.9	514
連04. 3	93,690	5,845	6,025	3,208	23.8	6	36.1	651
連05. 3	98,992	6,376	6,442	4,151	30.0	10	61.1	605
連06. 3予	102,000	5,500	6,100	4,300	23.4	10	配当利回り	1.11%
連07. 3予	106,000	6,000	6,600	4,200	22.8	10		
中05. 9	51,035	2,742	3,044	2,911	16.5	5	2.4	651
中06. 9予	53,000	3,000	3,300	2,000	10.9	5		
単05. 3	74,111	5,160	5,285	3,148	22.7			593
単06. 3予	76,000	4,300	5,000	3,300	17.9			
中05. 9	37,245	2,080	2,368	2,198	12.4			632

【本社】550-0021大阪市西区川口2-1-5
☎06-6581-1181
【東京本社】104-0033中央区新川2-27-1
☎03-3297-2511
【支店】大阪, 大阪港, 神戸, 東京, 横浜, 名古屋
【従業員】〈05.9〉連2,328名 単759名(37.8歳)年755万円
【証券】上東京, 大阪 幹(主)大和副日興 名住友信 監あずさ
【銀行】三井住友, 住友信, 農中
【URL】http://www.sumitomo-soko.co.jp/

「会社四季報 2006年第1集より」

『会社四季報』の前向きなキーワードは株価に影響する

「業績記事」で前向きなキーワードを探す

ワシのような投資方法では、とにかく投資先の企業の業績が向上し、それが株価に反映して値上がりしてくれなくては、いつまでたっても利益を上げることができません。だから、企業の動向についての客観的な判断が掲載されている『会社四季報』の【コメント】欄には注目しています。この【コメント】欄には会社の経営内容や業績の動向などが載っています。記者の方々が取材をして書かれているだけあって、単純な現状報告では終わっていません。将来の収益動向などについても言及していることが多いのです。

この【コメント】欄は、投資家たちに大きな影響力を持っています。その力は株価を左右するほどです。【コメント】欄の見出しに【浮上狙う】とか【赤字脱す】とか前向きなキーワードが踊っていたら買いたくなりませんか？　ワシはついつい買いたくなってしまいます。ほかの投資家のみなさんも同じでしょう。ということは、その企業の株が買われ、株価も上がるというわけです。

このほか株価が上がる可能性が高いキーワードとしては「新プロジェクトへの参画決定」とか「百億円の受注期待」など、目標や具体的な数字が出ているケースが挙げられます。

「材料記事」で中期的な成長力を読みとる

『会社四季報』の【コメント】欄は、前半が「業績記事」で、後半は「材料記事」と呼ばれています。「材料」とは、株を売買するきっかけとなる出来事のこと。投資家たちが買いたくなるような材料は「好材料」「買い材料」、売りたくなるようなものは「悪材料」「売り材料」などと呼ばれます。

さて、この材料ですが、ワシは、株価を動かす宝の山だと思って、業績記事とともに材料記事も熟読しています。株価を左右する要因は今期と来期の業績見通しだけではないのです。材料記事は、ワシのような中長期投資家にとって会社の方向性を示す道標となります。

材料記事には、数年後の業績動向にかかわるニュースや、会社が長期にわたって取り組む課題や経営目標、株式需給面での問題など、株価を動かす様々な要因が盛り込まれています。来期以降の業績など、企業の成長力に直結するものとしては、設備投資や店舗展開が挙げられるでしょう。将来を見据えた投資を行なっている企業というのは、しっかりしていると考えられます。こうした資金をどこから調達するか、稼いだお金をどう使うかなどの財務面でのポイントは材料記事に書かれているのです。

また、その企業がかかえている課題も、材料記事に紹介されています。需要拡大が見込める事業（たとえば医薬品や燃料電池など）に参画している銘柄は、そのテーマ性から物色されることもありますから要注目です。材料記事には、さらに株主への還元方針などもあり、まさに宝の山と言えます。

【業績】が黒字転換している企業は絶対に買い

「業績記事」との関連で、ワシは左下の【業績】欄にも注目します。ここで赤字から黒字へ転じている企業は買いです。できれば大赤字から大黒字になる企業がいちばんいいのですが、そうそう見つかるものではありません。そういう企業が見当たらないときは、黒字が大黒字になる、つまり、利益の伸びが大きい企業をねらいましょう。

このとき役に立つのが「予」と書かれている業績予想です。これは、『会社四季報』の記者が取材に取材を重ねて独自に導き出したものです。ワシのような田舎暮らしの人に代わって彼らが会社を分析してくれているというわけです。「予」が大きく黒字へ向かっているようであれば購入候補としてピックアップしておき、後で詳しく分析するといいでしょう。

ワシはこうした部分をチェックして気になった銘柄を見つけるとそのページの隅を折り曲げておきます。「ドッグイヤー」というやつですね。こうしておくと、あとでその企業について調べるときに便利ですよ。

コメント欄のキーワード

【コメント】欄の「業績記事」「材料記事」をどう読むかは、『会社四季報』を利用して株式投資をするうえでとても重要です。その内容が株価にどう影響するかを考えて銘柄を選ぶのです。その「読み」が勝負の分かれ目ともいえます。業績記事の内容を裏づける【業績】欄もきちんとチェックするといいでしょう。

5908 日鐵《にってつ》ドラム

【決算】3月 【設立】1934.10 【上場】1995.9

【特色】新日鉄系で鋼製ドラム缶専業。シェア首位級。需要の8割超が化学。不動産賃貸も収益源
【連結事業】容器関連69(5)、不動産賃貸関連5(33)、商事関連他26(0)〈05・3〉

【順調】ドラム缶は主要顧客の化学メーカーが輸出需要減退、数量大幅減。ただ値上げ分と材料在庫の評価益が寄与、営業増益幅は拡大。不動産賃貸も下支え。07年3月期は数量弱含みで材料高あり反落か。
【注目】上位10株主に持ち株が集中、上場廃止基準(75%)に再接近。上位株主が廃止懸念を払拭するため、06年2月頃に持ち株の一部を立会外分売で市場に放出か。

【株主】㊥730名〈05.9〉
新日本製鐵 636(55.0)
三井物産 38(3.3)
㈱メタルワン 38(3.3)
日本マスター信託口 32(2.7)
山口敏 30(2.5)
㈱山本工作所 29(2.5)
東方商館㈱ 23(2.0)
資産管理信託投信 23(2.0)
自社従業員持株会 17(1.5)
大和証券SMBC 10(0.8)
〈外国〉1.3%〈浮動株〉20.3%
〈投信〉0.7%〈特定株〉77.2%

【役員】㈳今井忠 ㈻賀川彰 ㈹小林洋一 高木建 ㈹兎耳 山俊 丸田昭憲 佐藤弘二 末続博友 ㈹佐藤勝夫 ㈹本野克彦 田邉俊秀

【連結】ND企業, 山陽ドラム, 日鉄ドラムテクノ 〈㈹05.9〉3(0)社

【株式】10/31 11,570千株
単位 1000株
時価総額 85.7億円
【財務】〈連中05.9〉百万円
総資産 23,494
株主資本 10,462
株主資本比率 44.5%
資本金 1,654
利益剰余金 7,768
有利子負債 4,736
【指標等】〈連05.3〉
ROE 4.0% 予8.5%
ROA 1.7% 予3.8%
調整1株益 —円
最高純益(95.3) 711
設備投資 260 予 241
減価償却 1,074 予1,014
研究開発 74 予 63
【キャッシュフロー】百万円
営業CF 1,361(1,179)
投資CF ▲803(▲828)
財務CF ▲971(▲695)
現金同等物 1,011(1,424)

年月	【資本異動】	万株
92.11	併2→1	950
93.2	三者88万株(540円)	1,057
	三者18万株	(480円)
95.9	公100万株(770円)	1,157

東証2	高値	安値
95~02	1070(96)	250(02)
03	324(9)	260(3)
04	473(4)	300(1)
05.1~11	795(10)	420(1)

	高値	安値	出来万株
05.7	634	585	33
8	728	637	44
9	734	691	20
10	795	700	21
11	775	735	36

【格付】—

【外国人持株比率】
〈05.9〉1.3 〈04.9〉0.8

【業績】(百万円)	売上	営業利益	経常利益	利益	1株益(円)	1株配(円)	1株営業CF	1株株主資本
03.3	22,397	838	814	342	28.7	8	178.1	778
04.3	22,803	945	886	498	42.2	8	101.9	824
05.3	21,319	1,091	1,015	399	34.6	8	117.7	855
06.3予	19,800	1,600	1,530	890	76.9	10	配当利回り	1.35%
07.3予	19,700	1,390	1,320	790	68.3	10		
05.9	9,903	928	886	532	46.0	5	50.0	905
06.9予	9,850	690	650	390	33.7	5		
05.3	15,963	684	747	375	32.4			809
06.3予	17,350	1,140	1,190	640	55.3			
05.9	8,543	661	691	374	32.4			846

【本社】136-0071東京都江東区亀戸1-5-7
☎03-5627-2311
【支店】大阪☎06-4706-0001, 名古屋☎052-565-0411【工場】千葉, 相模原, 名古屋, 大阪
【技術センター】相模原
【従業員】〈05.9〉連222名 単184名(42.2歳)年618万円
【証券】上東京2 幹(主)野村(副)日興, 大和, 三菱U, 新光, みずほイ, コスモ, SMBCフ 名三菱U信 監中央青山
【銀行】東京三菱, みずほC, 三菱U信
【URL】http://www.drum.co.jp/

「会社四季報 2006年第1集より」

コメント欄

材料記事　業績記事

【順調】ドラム缶は主要顧客の化学メーカーが輸出需要減退、数量大幅減。ただ値上げ分と材料在庫の評価益が寄与、営業増益幅は拡大。不動産賃貸も下支え。07年3月期は数量弱含みで材料高あり反落か。
【注目】上位10株主に持ち株が集中、上場廃止基準(75%)に再接近。上位株主が廃止懸念を払拭するため、06年2月頃に持ち株の一部を立会外分売で市場に放出か。

この見出しに注目!

【増益】利益が出ている。基本的に買い。
【上向く】これから収益が上がる模様。
【営業益回復】増益未満だが、期待大。
【増益増収】理想的だが天井の可能性も。
【加速】業績の情報変化が加速している。
【底入れ】いまが底。これから上昇する。
【リストラ効果】前向きか、後ろ向きか。
【更新続く】織り込み済みの可能性大。
【連続更新】株価は高値圏の可能性大。
【好調】一時的か、継続的かで判断する。
【復配目標】イメージが良く、株価上昇。
【底打ち】業績向上の可能性大。仕込む。
【赤字脱却】大幅な利益を上げる好機。

【業績】(百万円)	売上	営業利益	経常利益	利益	1株益(円)	1株配(円)	1株営業CF	1株株主資本
連03. 3	22,397	838	814	342	28.7	8	178.1	778
連04. 3	22,803	945	886	498	42.2	8	101.9	824
連05. 3	21,319	1,091	1,015	399	34.6	8	117.7	855
連06. 3予	**19,800**	**1,600**	**1,530**	**890**	**76.9**	**10**	**配当利回り**	**1.35%**
連07. 3予	**19,700**	**1,390**	**1,320**	**790**	**68.3**	**10**		
中05. 9	9,903	928	886	532	46.0	5	50.0	905
中06. 9予	9,850	690	650	390	33.7	5		
単05. 3	15,963	684	747	375	32.4			809
単06. 3予	**17,350**	**1,140**	**1,190**	**640**	**55.3**			
中05. 9	8,543	661	691	374	32.4			846

【業績】欄では、業界に精通した記者が、2期分の独自予想をしています。
この予想数字こそ『会社四季報』の最重要情報と言われています。

「経営再建中」のリストラ企業は絶好の「買い銘柄」である

経営再建中の企業はリストラを実施する可能性大

株式投資で大きく儲けるためには、現在だけではなく、将来を見据えて低位株を監視しておくことも必要です。実は、ワシが目をつけている銘柄の中には、赤字状態で経営再建中の企業もいくつか含まれています。将来、それらの企業の業績が回復して黒字に転換するようなら、購入対象になることもありえるからです。業績が向上している企業の株価はいつの日か必ず上がります。

経営を立て直して業績を回復させるためには、コスト削減が欠かせません。

そして、最もコスト削減の効果が高いのは、やはり「リストラ」でしょう。リストラとは「リストラクチャリング」、つまり事業の再構築の意味ですが、通常は採算のとれない事業から撤退するなどして、従業員の整理（解雇）を行ない、経営を立て直す準備をすることを指します。経営再建中の企業はこのリストラを行なう可能性が大きいようです。利益も出せないのに従業員を過剰に持つことは、企業にとって大きな負担となりますから、適正な従業員数にすることで効果的なコスト削減を図るのは、当然といえば当然です。

仮にリストラが順調に進めば業績回復が見込めるため、その企業の株価の上昇も期待できるようになります。その会社で働く人にとっては、リストラは恐ろしいものでしょう。でも、ワシたち投資家から見れば、リストラの進行具合は会社が良い方向に向かっているかどうかを知るための重要なポイントになります。労働組合などが強い会社の場合は人員の整理がうまく進まないこともあるでしょうが、赤字経営なのに過剰な人的コストをかかえたままでは、業績は沈んだまま、永遠に株価も下降線をたどります。リストラは、会社が生まれ変わるために必要なことなのです。

【従業員数】欄からリストラの進捗状況を読み取る

そういう意味では、リストラの進み具合に注目して『会社四季報』の【従業員数】欄もきっちり見ておきたいところです。前号、前々号の従業員数と比べて、リストラが順調に進んでいるかどうかをチェックするのです。ワシは数年前から保存してある『会社四季報』を引っ張り出して、年単位で従業員数や平均年齢がどう変化しているかをチェックしています。企業によっては経営再建計画の中でどれくらい従業員数を減らすかを発表している場合もありますから、参考にするといいでしょう。

この数年間で従業員数がどのくらい減ったかを見れば、人員のスリム化がどの程度まで進んでいるのかを確認できます。かつては従業員を子会社に出向させることで、本社の従業員数を減らす〝表面上のリストラ〟も見られましたが、子会社を含めた企業グループ全体の従業員数をチェックすれば、それが本当のリストラかどうかがわかります。【従業員数】欄に「連○○名」と書かれている部分があれば、それがグループ全体の従業員数です。形式だけのリストラにだまされないようにしてください。

平均年齢もポイントだが、総合的な判断が必要

また、ワシは、従業員数だけでなく、その隣のかっこ内に記載されている従業員の平均年齢も見るようにしています。どの企業でも、成長を続けるためには若い人材のパワーが必要ですよね。若い社員は、体力も気力も充実していて、よく働きますし、人件費があまりかかりません。給料は安いのによく働いてくれるわけですから、会社にとっては願ったりかなったりでしょう。従業員数が減っていても、若手社員が減っているような〝後ろ向きのリストラ〟が進んでいるようでは、従業員の平均年齢は下がりません。従業員の平均年齢は、その企業の人件費負担はもちろん、活力、柔軟性、将来性などを見るうえで重要な意味をもっています。

ＩＴ（情報技術）関連やハイテク産業など、成長を続けている企業は若い人を大量に採用しますので、平均年齢は若くなる傾向にあります。平均年齢が若い企業は、それだけ成長の余地が見込めると言えるでしょう。若い人材の多い

ベンチャー企業などを見ればよくわかりますが、毎年、積極的に新卒を採用している企業は、自社の将来を〝強気〟に見ていると判断できます。

これに対し、産業としてのピークを過ぎている繊維、化学、鉄鋼関連などの企業は、平均年齢が高めになるようです。平均年齢の高い企業の業績は頭打ちで、将来の展望の見えない構造的な問題をかかえていることが多いのです。平均年齢が40歳を超えているような場合は、社員の老齢化、硬直化が進んでいると見られても仕方がないでしょう。

ただし、平均年齢が若くても、仕事がキッすぎて離職率が高いため、若手社員の在職期間が短いという企業も少なくありません。反対に、企業によっては経験の豊富な人材を中途採用で受け入れて、戦力の向上に努めていることもあります。従業員数が減っているにもかかわらず平均年齢が上がっているのは、このようなケースかもしれないわけです。平均年齢にあまりこだわりすぎると、その企業の本当の姿を見失ってしまうことがあります。平均年齢を考慮する場合は、『会社四季報』の解説記事をよく読んで、平均年齢が高くなる原因がないかどうかを確認してほしいと思います。

リストラが順調なら投資対象になる

リストラの進捗状況をチェックしたいときは、決算期ごとに従業員数、平均年齢、平均年収をチェックします。

三洋電機(6764)

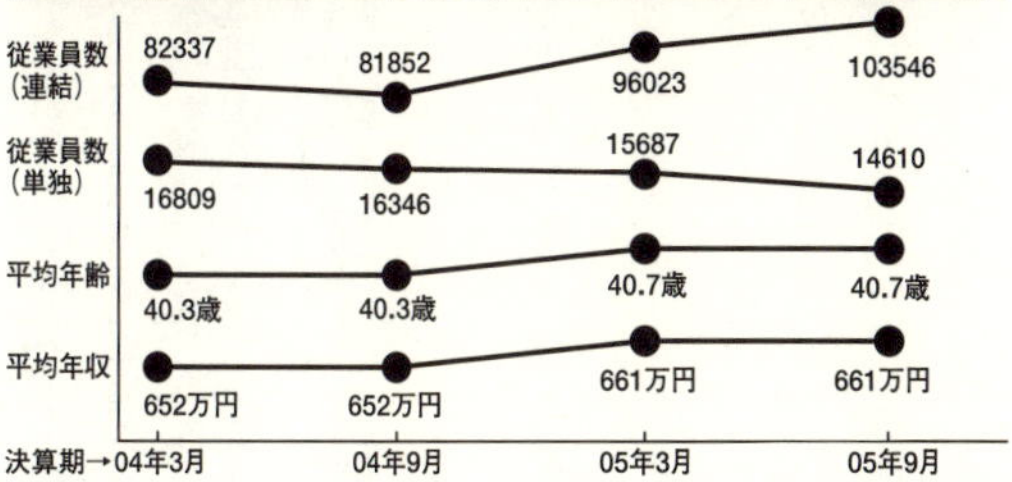

2005年3月期に大赤字となった三洋電機。三洋電機単体の従業員数は徐々に減少させていたものの、連結ベースでは大幅増加。2006年3月期もおそらく2期連続で赤字になる予定であり、今度、どれだけスリム化できるかが経営再建の成否を握る。

ダイエー(8263)

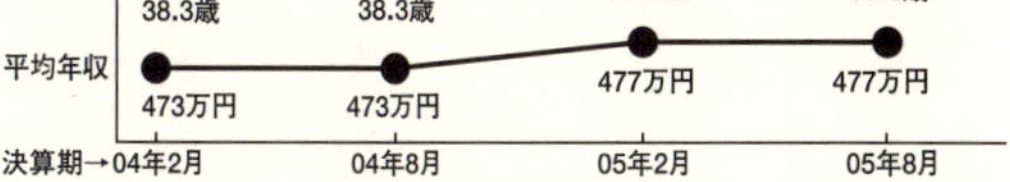

こちらは連結および単独ともに従業員数が徐々に減っている。人件費の削減で業績の向上が見込まれる。

「お買得銘柄」が欲しければPER15倍以下、PBR2倍以下を探す

株が割安かどうかを判断するための2つの「指標」

株の値段、つまり株価は、「買いたい」という人が多いほど高くなり、「売りたい」という人が多いほど安くなります。あなたが、ある銘柄を買ったとしましょう。将来、その銘柄を買いたいという人が増えれば、それだけ株価が上がるわけですから、人気が出そうな銘柄を安いうちに買っておいたほうが〝お買い得〟ということになりますね。

業績の良い企業、つまり多くの利益を上げている人気企業の株は値段が高く、

業績の良くない不人気企業の株は安い。利益が上がらなくて配当金もまともに受け取れないような企業の株を買う投資家は少ないですから、業績の良い企業に人気が集まるのは当然ですね。でも、中には業績が向上し始めているにもかかわらず株価が安い、つまり、まだ市場から業績がきちんと評価されていない企業もあります。そのような企業の株を安いうちに買うのが賢い株の買い方です。その企業の業績が良くなれば、株価も必ず値上がりします。

お買い得な株を探すとき、ワシがそれぞれの銘柄のどの部分を見ていくのかというと、まずは株価300円以下をメドとして、三井、三菱、住友グループといった財閥系のものを探していきます。アタリをつけると、その銘柄の業績欄に目を移します。それから業績が向上しそうな銘柄にねらいを定め、株価の割安・割高を評価する指標であるPER（株価収益倍率）とPBR（株価純資産倍率）を計算します。このふたつの計算で、これから示す条件に当てはまるものが〝お買い得〟な銘柄ということになるわけです。ちょっと難しいかもしれませんが、割安な銘柄を探すということは、それだけ大きな利益につながることになるので、がんばって理解してください。

平均はＰＥＲ15～20倍だが、購入の目安は15倍以下

ＰＥＲとは「株価」を「一株益（ＥＰＳ）」で割り算したもの、つまり株価が一株益の何倍になっているかを示す数値です。一株益というのは、企業の利益を1株当たりに直すとどのくらいになるかを計算したものです。

ＰＥＲの平均は、古今東西のデータから考えると15倍から20倍程度。利益率の高い業種とそうでない業種があるため、業種によって多少のバラつきがありますが、上場企業の場合、一般的には15倍を下回っていくほど割安感が強くなると言われています。

この計算では、一株利益が同じなら株価が高いほうがＰＥＲは高くなります。ＰＥＲが高いということは、それだけ銘柄の人気が高いということですね。一株利益が同じでもそっちが欲しいという投資家が多いわけですから。かつてソフトバンクという企業の株がＰＥＲ１０００倍以上まで買われたことがありましたが、こういうのは「買われすぎ」です。実際、その後は株価のほうが下がりました。何度も言っていますが、業績は株価に反映するものなので、ソフト

バンクのケースは、業績以上に人気が出すぎてしまった結果というわけです。

ワシが銘柄を選ぶときは、その平均である15倍以下を目安にしています。人気の高い銘柄の株価は値上がり率が低いですから、できるだけPERの低い銘柄、欲をいえば10倍以下の割安銘柄が欲しいですね。あまり人気がない銘柄は、赤字から黒字経営に転換するなど、何かきっかけがあれば株価が数倍になることも少なくありません。そういう銘柄を買っておき、きっかけが訪れるまでひたすら待つのです。

PBRは2倍以下を探す！　1倍以下なら即買い

PERが15倍以下の銘柄をピックアップしたら、同じようにPBRが2倍以下の銘柄を探します。PERが一株益と比較したときの株価の割安度を測る指標であるのに対し、PBRは資産価値と比較して株の割安度を測ります。つまり、PBRを求めるには「株価」を「一株株主資本」で割り算すればよいわけです。ちなみに一株純資産とは、株主資本を発行済み株数で割って求めた数値のこと。会社が解散したとき、すべての負債を支払ったあとに残った資産を株数に応じて分配した場合の価値と同じなので「解散価値」とも呼ばれています。PBRは企業価値に見合った株価であるかどうかを判断するときに役立ちます。

PBRが1倍を超えているということは、株価が株主資本、すなわち株主の持ち分を上回っているということで、それだけ市場から高く評価されているということになります。反対に、株価が一株株主資本を割り込んだ状態、つまりPBR1倍割れの状態というのは市場からの評価が低く、割安であると考えられますね。ワシ的には株価が株主の持ち分を下回っている1倍以下が理想ですが、『会社四季報』を隅々まで読んでいるワシですら、そう簡単には見つけられません。ワシは2倍以下でも、財閥系なら投資の対象にしています。

なお、業績が悪く、今後の見通しも立たないような企業の株は、どんなにPERやPBRが低くても魅力はありません。そんな銘柄を買っていたら、それこそ大切な資金をはたいて買った株券を紙くずにされてしまいます。倒産する企業の株を買うのではなく、倒産しそうで人気がなかったけれど、これから回復して人気が出る（株価が上がる）銘柄を、〝お買い得〟なうちに探し出して買うのです。お間違いのないように。

その株はお買い得かを判断する

その株が割安かどうかを判断するための指標となるのが、PER（1株当たりの利益）とPBR（1株資本当たりの利益）です。

PERが15倍以下ならその株はお買得！

PBRが2倍以下ならその株はお買い得！

株価指標	
予想PER(倍)	
〈06.3〉	11.7
〈07.3〉	11.5
実績PER	
高平均	14.5
安平均	7.8
PBR	1.1
株価(11/30)	1996円
最低購入額	99万8000円

9912 ダイワボウ情報システム

【決算】3月 【設立】1982.4 【上場】1991.11

【特色】パソコン販売が柱。NEC販売特約店首位。システムインテグレーション強化。ダイワボウ系

【連結事業】情報機器卸売等販売93(1)、情報機器店頭小売販売5(4)、サポート・サービス0(2)、システムインテグレーション2(2)〈05・3〉

【増益】PC120万台(前期111万台)販売計画。前期実施の首都圏営業体制強化がフル寄与。新システム稼働で経費減、物流費圧縮。販売子会社上場に伴う連結除外でも営業増益に。07年3月期はPC増販、アイテム数拡大で単価下落を補う。

【差別化】松下、ソニーなど家電系PCのオリジナル品発売。薄型テレビやIP電話等の新規商品販売で今期500億円計画。

【株主】3,478名〈05.9〉 万株
ダイワボウ 464(24.6)
日本マスター信託口 120(6.3)
日本トラスティ信託口 107(5.7)
ステート・ストリート・バンク&トラスト505019 80(4.2)
メロンバンク・トリーティー・クライアンツオムニバス 53(2.8)
野村信託銀行投信口 39(2.0)
自社従業員持株会 36(1.9)
チェース(ロンドン)SLオムニバス・アカウント 27(1.4)
クレディエットバンク・ルクセン・ブルジョワズFJO 23(1.2)
資産管理信託年金 23(1.2)
〈外国〉19.6% 〈浮動株〉28.8%
〈投信〉8.2% 〈特定株〉52.5%

【役員】(社)松本紘和 (専)加藤寛二 (常)小川朗 小川仁司 安永達哉 (監)小山紀 ⇔巻末

【連結】ディーアイエス物流、ディーアイエスソリューション 〈中05.9〉5(2)社

【株式】18,977千株 単位 500株 【貸借】
時価総額 385億円

【財務】〈中05.9〉 百万円
総資産 112,971
株主資本 33,948
株主資本比率 30.1%
資本金 11,029
利益剰余金 11,562
有利子負債 7,009

【指標等】〈連05.3〉
ROE 8.2% 予9.6%
ROA 1.9% 予2.9%
調整1株益 135.6円
最高純益(01.3) 2,965
設備投資 1,691 予1,800
減価償却 814 予 950
研究開発 0 予 0

【キャッシュフロー】百万円
営業CF 8,590(214)
投資CF ▲1,400(▲1,678)
財務CF ▲4,521(2,287)
現金同等物 6,691(4,023)

年月	【資本異動】	万株
96.10	公250万株(2289円)	1,287
99.12	公200万株(3056円)	1,487
00.5	分1→1.1	1,636
04.10	最高値50円	1353円

東証	高値	安値
91~02	3640(99)	250(98)
03	1219(10)	560(1)
04	1548(6)	830(2)
05.1~11	2060(11)	1336(1)

	高値	安値	出来万株
05.7	1863	1757	132
8	1980	1634	217
9	1960	1818	194
10	1949	1847	119
11	2060	1938	119

【格付】J BBB RI BBB

【外国人持株比率】〈05.9〉19.6 〈04.9〉9.5

【業績】(百万円)	売上	営業利益	経常利益	利益	1株益(円)	1株配(円)	1株営業C	1株株主資本
連03.3	334,541	2,879	2,623	1,012	56.0	20	▲602.[illegible]	1,621
連04.3	347,394	3,800	3,331	1,605	92.2	20	13.[illegible]	1,705
連05.3	373,748	5,339	4,947	2,540	146.7	30	519.[illegible]	1,805
連06.3予	388,000	5,600	5,600	3,250	171.3	30	配当利回り	1.48%
連07.3予	418,000	6,000	6,000	3,300	173.9	30		
中05.9	174,273	1,610	1,555	922	50.9	15	139.[illegible]	1,800
中06.9予	180,000	1,800	1,800	1,070	56.4	15		
単05.3	353,894	4,045	4,217	2,377	138.4			1,796
単06.3予	380,000	4,900	5,100	2,850	150.2			
単05.9	170,630	1,445	1,616	934	51.6			1,792

【本社】541-0053大阪市中央区本町3-2-5 本町DiSビル ☎06-6281-1161
【東京支社】140-0014品川区大井1-20-10 ☎03-5746-6410
【支店】東京第1☎03-5746-631[illegible]、大阪第1☎06-6356-7460、札幌、名古屋、広島、福岡、他
【従業員】〈05.9〉連1,647名 単1,261名(3[illegible].2歳)年475万円
【証券】上東京、大阪 幹主野村 副大和、日興、三菱U 名三菱U信 監新日本
【銀行】UFJ、三菱U信、三井住友、東京三菱、農中
【URL】http://www.pc-daiwab[illegible]o.co.jp/

「会社四季報 2006年第1集より」

$$\text{PER} = \frac{\text{株　価}}{\text{1株益（1株当たりの利益）}} \text{（倍）}$$

利益から見て、株価が割高か割安かを判断する指標。

$$\text{PBR} = \frac{\text{株　価}}{\text{1株株主資本}} \text{（倍）}$$

資本から見て、株価が割高か割安かを判断する指標。

「株主優待」が人気の銘柄は買ってはいけない

配当利回りが高すぎる企業は投資の対象外

株式投資で儲けるには、2つの方法があるということは解説しましたよね。ひとつは株価が安いときに買い、高くなったら売るという値上がり益。もうひとつは、株を保有し続けることで受け取る配当金です。近年は低金利が続いているため、銀行に100万円を預金したところで、1年間に数百円の利息しかもらえません。これに対し、株式投資は高利回りが期待できます。たとえば10円配当で株価1000円の株を1000株買ったとしましょう。投資金額は同じく100万円ですが、一株当たり10円を受け取れる株を1000株持っているということは、決算期末に受け取れる配当金は1000株×10円＝1万円になるということです。これは年利で考えると1パーセントですから、株価が下がりさえしなければ、株式投資は銀行預金よりも有利な投資といえるでしょう。『会社四季報』の【業績】欄で「配当利回り」を調べてみるとわかりますが、この数字が1パーセントを超えている企業は珍しくありません。中には5パーセント超という銘柄もあるくらいです。

配当利回りの高い銘柄は「ディフェンシブ銘柄」と呼ばれて株式市場全体が下落傾向にあるときでも値下がりしにくい特徴があります。配当金によるインカムゲインを重視している投資家が購入する銘柄ですから、配当さえきちんと受け取れれば、多少株価が下がっても手放したりしないわけです。裏を返せば、このような銘柄は、比較的株価が安定しているため、2倍、3倍に値上がりするようなことはまずありません。それでは面白みがないので、ワシは配当利回りの高い銘柄には手を出しません。

優待サービスを行なう企業の株価は予想できない

ワシは『会社四季報』の巻末に掲載されている「株主優待を含めた実質高利回りランキング」も見ています。ここから銘柄を選ぶのではなく、このランキングの上位に入っている企業を投資対象からはずすのです。

「株主優待」とは、企業が株主に対して行なう優待サービスのことで、優待の内容はその企業が取り扱っている商品や各種割引券など様々。２００６年２月現在、上場企業の約４分の１が株主優待を実施しています。

株主優待を受けるには、企業が優待の対象として定めている株数（たいていは単位株の数）を、その企業が定める「割当基準日」に保有している必要があります。単位株とは株主になるための最小単位で、単位株数に満たないミニ株等では優待は受けられません。また、優待を割り当てる基準日は、企業の決算日と同じ日に設定されていることが多いようです。

「株主優待を含めた実質高利回りランキング情報」は、この株主優待分をお金に換算し、配当金と合わせて利回りを計算したものです。このランキングに選ばれた銘柄は、優待目当ての投資家が殺到するため、基準日前後に株価が急上昇したり、急下降したりします。

ワシのような中長期投資家にとっては、このような銘柄は、投資に向かない銘柄ということになります。なぜかというと、株主優待の内容によって人気が左右されることもあるからです。たとえば、業績は変わっていないのに、株主優待の内容が人気を集めたとします。そうすると、優待目当ての投資家が殺到しますから、株価が上がりますね。反対に株主優待の内容に人気がないと、株価が下がる可能性があります。つまり、業績が株価に素直に反映しないので、ワシのように業績の分析を重視するタイプの投資家には株価が予想しにくいのです。業績から株価が予想できない銘柄は、コワすぎてワシには買えません。

それに加えて、優待目当ての投資家に人気のある銘柄の株価は継続的に上がりにくく、1年で2倍、3倍といった上昇が期待できません。そんなわけで、ワシは投資対象に考えていた銘柄でも「株主優待を含めた高実質利回りランキング」の上位に入っていたら購入を断念することにしています。

予想営業増益率ランキングは要チェック

『会社四季報』の巻末ランキングの中でも注目は、ほぼ毎号掲載される「予想営業増益率ランキング」です。本業の儲けがわかる営業利益が前期に比べてどれだけ伸びているかランキングしてあります。このランキングが便利なのは、営業利益額が100億円以上と100億円未満に分けてランキングしてあることです。小粒でも元気のいい企業を発見しやすいのです。ワシのような、目立たない企業をねらう投資家にとっては、非常に重宝します。このランキングには、予想PERも掲載されていますから営業増益率とPERを見て割安成長株を見つけ出す手がかりにするといいでしょう。ここで注目した銘柄を、今度は個別の企業欄で詳細を調べ、投資するべきかどうかを考えるわけです。

このほか、『会社四季報』の巻末には「設備投資増加率」「研究開発費増加率」などなど、ユニークなランキングがいくつも掲載されています。『会社四季報』独自の予想をランキングにした「巻末ランキング」をながめてみると、意外なお宝情報が見つかるかもしれませんね。

株主優待付きの銘柄は要注意

優待付きの銘柄は優待目当ての投資家が殺到します。実質利回りが高い銘柄も人気が高いので、継続的な値上がりが期待できません。

株主優待を含めた実質高利回りランキング

順位	コード	社名	実質利回り(%)	優待利回り(%)	内容
185	2811	カゴメ	2.93	1.67	自社商品
186	3595	ヤギコーポ	2.93	0.49	自社商品
187	7476	アズワン	2.93	1.20	ギフト券
188	9739	NSW	2.93	—	—
189	2300	きょくとう	2.92	1.67	クリーニング無料券等
190	1779	松本建工	2.91	—	—
191	1788	三東工業社	2.91	—	—
192	2579	コカウエス	2.91	1.38	ギフト券
193	4559	ゼリア新薬	2.91	1.42	栄養食品
194	6875	メガチプス	2.91	1.90	百貨店商品
195	2669	カネ美食品	2.89	1.93	グルメ商品
196	7899	オザキ軽化	2.89	—	—
197	8022	ミズノ	2.88	1.44	買物割引券
198	9971	カウボーイ	2.87	—	—
199	8564	武富士	2.86	—	—
200	9608	福山コンサ	2.86	0.66	ハイウェイカード
201	9441	ベルパーク	2.85	1.90	クオカード
202	6418	日本金銭機	2.84	1.29	グルメギフト券
203	9479	インプレス	2.84	2.68	買物ポイント
204	2818	ピエトロ	2.83	1.18	自社製品
205	2901	石垣食品	2.83	0.53	自社製品
206	8226	理経	2.83	—	—
207	2719	キタムラ	2.82	1.13	買物券
208	5012	東燃ゼネ石	2.82	—	—
209	7640	トップカル	2.82	1.41	優待券又は図書カード
210	8887	リベレステ	2.82	—	—
211	9873	日ケンタキ	2.81	0.47	飲食券
212	2903	シノブフズ	2.80	1.40	海苔詰合せ
213	4623	アサヒペン	2.80	0.60	自社製品
214	7523	アールビバ	2.80	—	—
215	9795	ステップ	2.80	—	—
[illegible]	[illegible]	不二製油	2.78	1.39	自社[illegible]
[illegible]	[illegible]	[illegible]個別指	2.78	1.85	[illegible]
226	7533	[illegible]	2.78	[illegible]	[illegible]
227	2414	塩[illegible]	[illegible]	—	—
228	9781	石川島汎用	2.75	—	—
229	9934	因幡電産	2.75	0.26	図書カード
230	9951	カーマ	2.75	2.12	買物割引券
231	2816	ダイショー	2.74	0.55	自社製品
232	8117	中央自動車	2.74	—	—
233	9977	アオキスパ	2.74	0.98	買物割引券
234	2812	焼津水産化	2.73	1.24	静岡特産品
235	2354	安川情報S	2.72	—	—
236	2912	鐘崎	2.71	0.63	自社製品
237	9733	ナガセ	2.71	—	—
238	1730	カナック	2.70	0.45	さぬきうどん
239	2227	三星食	2.70	1.35	自社製品
240	7575	日本ライフ	2.70	—	—
241	7630	壱番屋	2.70	1.35	飲食券
242	2927	アムスLS	2.69	2.15	自社子会社取扱製品
243	7501	ティムコ	2.68	1.07	自社商品
244	7604	梅の花	2.68	2.06	飲食券
245	7530	ナブコドア	2.67	—	—
246	8256	プロルート	2.67	—	—
247	8928	穴吹興産	2.67	1.00	うどんギフト券
248	9973	小僧寿し本	2.67	1.64	ジェフグルメカード
249	2576	近畿コカ	2.66	0.60	自社製品
250	2730	エディオン	2.66	1.60	買物割引券
251	7586	寺島薬局	2.66	1.88	買物券
252	3205	ダイドー	2.65	0.56	自社関連商品
253	5967	前田金属	2.65	—	—
254	7446	東北化学	2.65	0.44	自社取扱商品
255	7443	横浜魚類	2.64	1.89	水産加工品等
256	9133	東栄リーフ	2.64	—	—
257	9429	日立モバイ	2.64	—	—
258	9442	JSAT	2.64	—	—
259	4767	TOW	2.63	—	—
260	7538	大水	2.63	—	—
261	8130	サンゲツ	2.63	—	—
262	8151	東陽テク	2.63	—	—
263	8705	岡藤HLD	2.63	0.44	商品券
264	5411	JFEH	2.62	—	—
265	9986	蔵王産業	2.61	—	—
266	3318	メガネSP	2.60	1.30	ギフトカード
267	8860	フジ住宅	2.60	—	—
268	9475	昭文社	2.60	1.56	自社製品
269	9976	セキチュー	2.60	0.60	買物券
270	3421	稲葉製作所	2.59	1.00	製品又は図書カード
271	4921	ファンケル	2.59	1.73	自社製品
272	5194	相模ゴム	2.59	—	—
[illegible]	[illegible]	ジーエフシ	2.59	1.23	自社取[illegible]
[illegible]	[illegible]	[illegible]いか屋	2.59	0.86	[illegible]
283	4641	[illegible]	[illegible]	[illegible]	[illegible]
284	5002	昭和[illegible]	[illegible]	[illegible]	—
285	1781	国土総合建	2.56	—	—
286	2008	増田製粉所	2.56	0.96	自社関連商品
287	7442	中山福	2.56	—	—
288	7455	三[illegible]	2.56	—	—
289	9899	サンデサン	2.56	2.56	飲食券
290	9957	バイテック	2.56	—	—
291	2894	石井食品	2.55	0.90	自社製品
292	6304	マキ製作所	2.55	—	—
293	9374	軽貨急配	2.55	—	—
294	2733	あらた	2.54	—	—
295	4343	イオンファ	2.54	1.69	施設利用・買物割引
296	5195	バンドー化	2.54	—	—
297	7584	丸紅インフ	2.54	—	—
298	7622	焼肉さかい	2.54	2.54	飲食券

「会社四季報 2006年 第1集より」

ランキング下位でも「実質利回り」は2.5%超！

配当利回りと株主優待利回りの合計で求められる「実質利回り」に注目してみると、ランキング下位の銘柄でも2.5%以上あることがわかります。これらの銘柄は中長期投資には向きません。

289	9899	サンデサン	2.56	2.56
290	9957	バイテック	2.56	—
291	2894	石井食品	2.55	0.90
292	6304	マキ製作所	2.55	—
293	9374	軽貨急配	2.55	—
294	2733	あらた	2.54	—
295	4343	イオンファ	2.54	1.69
296	5195	バンドー化	2.54	—
297	7584	丸紅インフ	2.54	—
298	7622	焼肉さかい	2.54	2.54

第2章 誰も教えてくれなかった 株価が高騰する銘柄の選び方⑧

業界のナンバー2、ナンバー3は「お買い得」銘柄！

業界ナンバーワン企業の株は面白みがない

鉄鋼業界でいえば新日鉄、海運業界でいえば日本郵船、自動車業界でいえばトヨタ。これ、なんだと思います？　答えは、業界ナンバーワン企業です。それぞれの業界の稼ぎ頭であるナンバーワン企業は、当然、売上高も利益もナンバーワン。もちろん、知名度も抜群です。いろいろな意味で安心感があるせいか、一般投資家にはナンバーワン企業の株を買う人が多いのですが、ひねくれ者のワシはあまりおすすめしていません。

なぜなら、ナンバーワン企業はすでに株価が上がりきっていて、割安感に乏しいからです。ナンバーワン企業は、業績が安定しているので買いやすいのは間違いないのですが、株価の値上がりがあまり期待できないのです。値上がりが期待できないどころか、むしろ割高になっていることすらあり、買った途端に株価が下落することだってあります。

ですからナンバーワンよりもナンバー2、ナンバー3の企業の株を買うのがおすすめです。ナンバー2、3の企業は、当然、ナンバーワンよりも業績面で見劣りします。状況によっては経営不安さえささやかれることもあります。ところが、いったん業績が向上し始めると、株価の上昇率はナンバーワンの比ではありません。ナンバーワン企業に比べてもともとの株価が安いので、2倍、3倍といった急上昇も期待できます。また、画期的な新技術の開発に成功したり、ビッグプロジェクトに参画したり、巨額の受注が舞い込んできたりすると、ナンバー2、3の企業は売上規模が小さい分だけ、業績に与えるインパクトが大きなものになります。ワシは、成長余力を残した業界ナンバー2、3の企業こそがねらい目と考えています。

ナンバー2、ナンバー3は購入のタイミングが図りやすい

近年、日本経済の回復を示す様々な数字が連日のように発表されてきました。でも、ワシたちの生活に目を移すと、あまりそのようなことを感じません。景気の指標である日経平均が急上昇しても、お給料が跳ね上がったという話は聞かれません。「景気が良くなった」というのは、現実には大企業が業績の上方修正を行なったということにすぎないのです。では、一般の人が景気回復の恩恵を受けられないかといえば、それはちょっと違います。実際の経済では「大企業→中小企業→個人（ワシたち）」の順番で、景気の回復を実感するという流れがあるようなのです。

株式市場でもこれは同じです。株価が上昇し始めると、まず業界ナンバーワン企業の株価が上がり、次いでナンバー2、ナンバー3の銘柄が上がります。株価の値上がりにも流れがあるんですね。ナンバー2、3の銘柄を買った投資家は、ナンバーワン企業の株価が上昇しているのに自分の買った企業の株価のほうは……という状況に陥ると、焦ってナンバーワン企業に乗り換えたくなる

ものです。しかし、それは大きな間違い。ナンバー2、3の株価が上がるのは、ナンバーワン企業が上昇してからです。それが一般投資家たちの目にとまり、業界全体が注目されるようになると、まだ株価の上がっていないナンバー2、3の銘柄までが買われ始めるのです。

業界ナンバーワン企業の株価だけが急上昇し、ほかの同業他社のほうはイマイチという状況は、逆にナンバー2、3銘柄の買いどきでもあります。

株価の安い銘柄のほうが上昇率が高い

ここで、一般的な投資家の行動を考えてみましょう。たとえば○○商事が値上がりし始めたとします。「○○商事に上昇の勢いがあるなあ。お金を集めて買ってみよう」という気持ちになりますよね。でも、お金が足りなくて買えないとなると、だんだん「安い□□商事だったら買えるぞ」という気持ちになっていき、ついには「□□商事のほうが値段が安いから、○○商事より儲かるんじゃないか!?」と考えるでしょう。こうなると、意外にも□□商事のほうが上昇率が高くなったりします。

ワシの印象ですが、景気が回復するという前提がある場合は、株価の安い銘柄のほうが上昇率が高くなる傾向にあるようです。実際、業界1位の株価がドンドン上がってくれると、2位以下の株価も上がりやすくなります。ときには1位を抜いてしまうくらいの勢いで上がることだってあります。そういう現象を何度も見てきたワシが言うのですから間違いありません。

たま～に、同業他社の株価だけが順調に値上がりし、自分の買った銘柄だけが取り残されるということもあります。ものすごくイライラするでしょうが、これに腹を立てるのは間違いです。「値上がりしそうもないから」と、持ち株を売りに出てしまうなんてもってのほか。むしろ、そういうときは喜ばなくてはいけないんです。業界全体が注目されていて、株を買った企業の業績が向上しているのであれば、そのうち上昇の勢いが波及してきます。同業他社の値上がりをもっと応援してあげてください。その結果、あなたの持ち株の割安感が一層強調されます。そうなればシメたもの。割安感に目をつけた一般投資家たちが、いっせいにあなたの買った銘柄を買い始めます。そのときの上昇率は、きっとすごいことになるでしょう。

ナンバーワン企業が株価を引き上げる

業界全体が注目されているときは、最初にナンバーワン企業の株価が上がり、それに引き上げられる形でナンバー2、ナンバー3の株価も上がります。株価の上昇にも流れがあるのです。

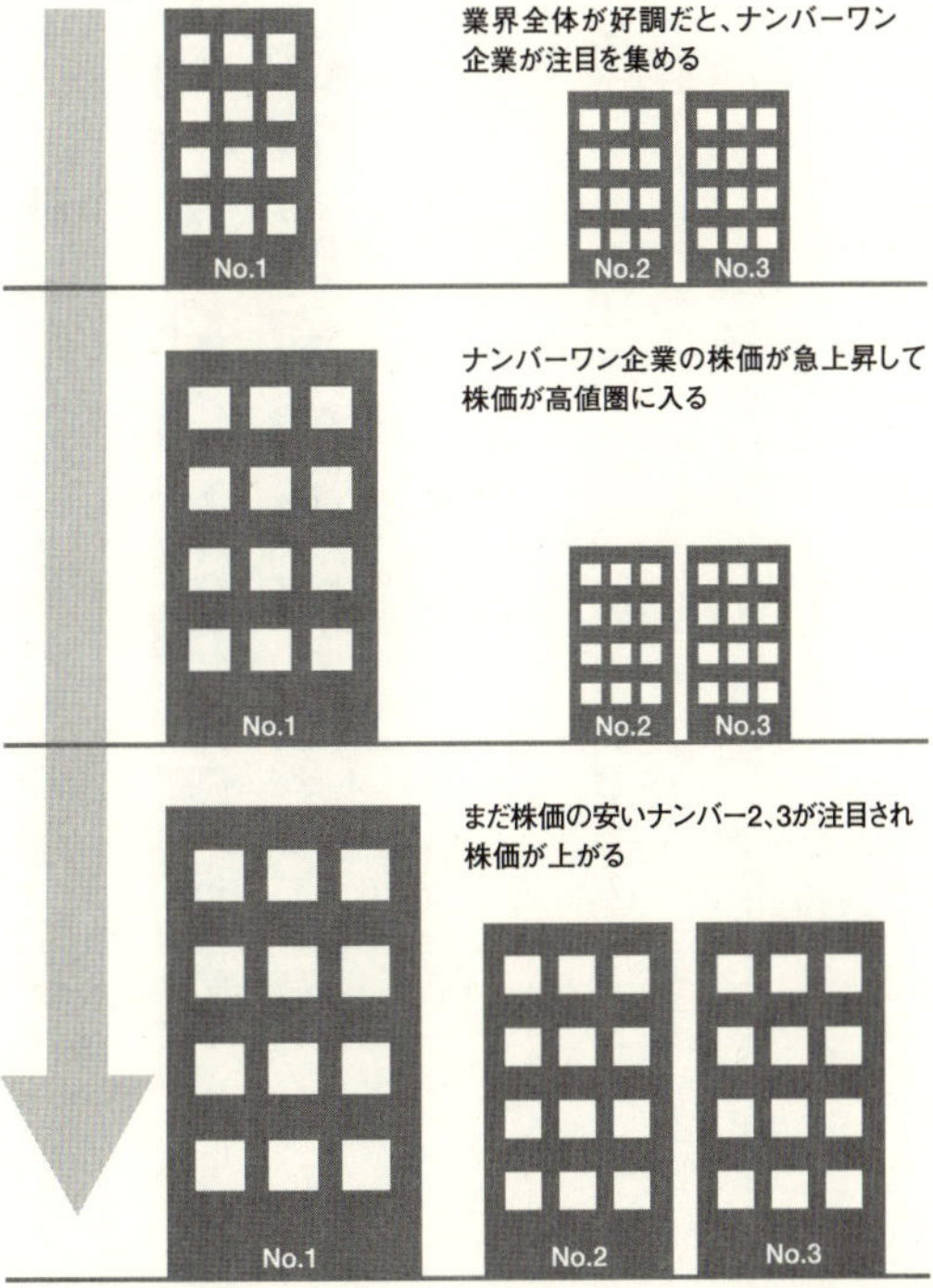
業界全体が好調だと、ナンバーワン企業が注目を集める
No.1
No.2
No.3
ナンバーワン企業の株価が急上昇して株価が高値圏に入る
No.1
No.2
No.3
まだ株価の安いナンバー2、3が注目され株価が上がる
No.1
No.2
No.3

競争率の高いＩＰＯ銘柄が買えなくても親会社の株でちゃっかり稼ぐ

競争率数十倍！　ＩＰＯ投資は狭き門

株をかじった人ならば「ＩＰＯ」という言葉を耳にしたことがあるでしょう。株の世界では、このＩＰＯがちょっとした話題になっています。ＩＰＯとは（イニシャル・パブリック・オファーリング）の略で、企業が市場に株式を公開することと指します。ＩＰＯでは、基本的にその企業の株主が市場に持ち株を放出する「売り出し」と、企業が新たに株券を発行して市場から新規に資金を調達する「公募」があり、通常の新規公開はこの両方が同時に行なわれます。

多くの投資家がＩＰＯに関心を持っているのは、ＩＰＯ株が公開される前に申し込める公募株でしょう。公募価格は低く抑えられていることが多いため、上場直後につけられる株価が公募価格を下回ることはほとんどありません。それどころか2倍、3倍は当たり前、それ以上になることだってあるんです。

先ごろ公開した会社の実績を挙げてみますと……。

ソディックハイテック（ヘラクレス・05年12月28日公開）
—公募価格＝26万円→初値＝90万円、（3・46倍）
フュートレック（マザーズ・05年12月27日公開）
—公募価格＝27万円→初値＝140万円（5・18倍）

このようにＩＰＯ株は、濡れ手で粟のボロ儲けが約束されているようなものです。「そんなにオイシイのなら、ぜひ公募株を買いたい」と思われるでしょうが、みんながそう考えてＩＰＯの抽選に申し込んでいるため、大変な競争率となっています。そう、ＩＰＯ株を買えるのは抽選に当たった人だけなんですね。確率的には、だいたい30回申し込んで1回当選するかどうかというレベルで、宝くじほどではないにしろ、狭き門なのです。

上場する企業の株を保有している親会社の株を買え

なかなか当選しないＩＰＯ株ですが、地道に公募に申し込むほかにも儲ける方法が、実はあります。それはＩＰＯ銘柄をもともと保有している企業の株を買うことです。つまり、公開前からの大株主（親会社）や、以前から出資をしていたベンチャーキャピタルは、ＩＰＯ銘柄が上場すると同時に巨額の売却益、含み益を得られるはずで、上場企業であれば株価も上昇が見込めるわけです。

ここでは、２００５年12月21日、東証マザーズに上場したスターティアを例に挙げましょう。スターティアの公募価格は22万円でしたが、上場時についた株価はなんと61万６０００円（２・８倍）。その後も上場から１週間ほど上昇し続け、29日は71万４００００円（約３・２５倍）の高値をつけました。

ＩＰＯに当選していた投資家たちがボロ儲けしたのは言うまでもありません。さらに上場前から多くの株を保有していた大株主も同じく巨額の利益を得ているはずです。そこで上場前のスターティアを調べてみると、第11位の大株主で０・４８％保有のエリアクエスト（東証マザーズ）がみつかります。さらに、株価を調べてみると、スターティアが上場される直前の11月下旬からから12月中旬にかけて急騰しているのです。スターティアの上場でエリアクエストが含み益を得ることを手がかりに、先回り買いが入ったためだと考えられますね。

エリアクエストがスターティアの大株主になっているという情報は事前にわかりますから、情報が公開されたらすぐに買っておき、適切なタイミングで売り抜ければガッチリ儲けられたはずです。IPO銘柄の株主への投資は、IPOの当選を狙うより、はるかに簡単に利益を得られる投資法なのです。

IPO銘柄の親会社&ベンチャーキャピタルの探し方

では、企業が上場するという情報は、どうやって手に入れるのでしょうか？

その答えは、インターネットを活用して、

- 東京IPO
- 東京証券取引所「新規上場会社」
- 大阪証券取引所「新規上場会社」

・ジャスダック証券取引所「新規上場会社」

で公開されている情報をこまめにチェックすることです。検索エンジンを使えばすぐに見つかるでしょう。ここ数年は、新規公開企業の数が急速に増えていて、2005年は市場全体で158件もありました。

大株主の名前をチェックできるのは、取引所のページから閲覧できる「有価証券報告書」か、東京IPOで閲覧できる「株式売出届出目論見書」のPDFファイルです。すごく量が多くて（ファイルを開くのに時間もかかります）、面食らってしまうかもしれませんが、心配することはありません。IPO銘柄の大株主を調べるのに見なければならないのはたった1カ所。「株式公開情報」にある「第3【株主の状況】」だけです。いちばん下のほうに記載されていますが、すぐにわかると思います。大株主の情報は『会社四季報』などでは通常、10位までしか見られませんが、上場申請をしている企業はかなり下位の株主までチェックできます。その中から、上場企業をピックアップし、持ち株比率が高いわりに企業規模の小さいところを探すとよいでしょう。

IPO企業に出資している企業の急騰例

05年12月、スターティアが新規上場を達成したことにより、同じタイミングで大株主であるエリアクエストの株価が急騰しました。エリアクエストの持ち株の含み益が増大し、同社がスターティアの株を売却すれば大きな利益を獲得できるからです。

株主の状況

氏名又は名称	住所	所有株式数（株）	株式総数に対する所有株式数の割合（%）
[illegible] ※1,2,3	東京都[illegible]2-4-11	13,760	[illegible]
[illegible] ※1,2,4	東京都江東区[illegible]1-14-8	2,000 (200)	9.[illegible] ([illegible])
[illegible] ※1,4,5	東京都豊島区[illegible]	1,130 (230)	5.[illegible] ([illegible])
[illegible] ※1,2,5	東京都江東区[illegible]	1,100 (200)	5.[illegible] ([illegible])
投資事業組合オリックス[illegible] 業務執行組合員 オリックス・キャピタル株式会社 ※1,2	東京都港区浜松町2-4-1	400	1.[illegible]
ジャフコV1-B号投資事業有限責任組合 無限責任組合員 株式会社ジャフコ ※1,2	東京都千代田区丸の内1-8-2	300	1.44
オリックス株式会社 ※1,2	東京都港区浜松町2-4-1	200	0.96
ジャフコV1-A号投資事業有限責任組合 無限責任組合員 株式会社ジャフコ ※1,2	東京都千代田区丸の内1-8-2	180	0.[illegible]
[illegible] ※1,4	東京都新宿区[illegible]	170 (140)	0.[illegible] (0.67)
ジャフコV1-スター投資事業有限責任組合 無限責任組合員 株式会社ジャフコ ※1,2	東京都千代田区丸の内1-8-2	120	0.58
株式会社エリアクエスト ※1,2	東京都新宿区西新宿2-1-1	100	0.48
[illegible] ※1,2	東京都千代田区丸の内2-7-1	100	0.48
[illegible]	東京都[illegible]区	70 (70)	0.[illegible] (0.[illegible])
[illegible]	東京都[illegible]区	60 ([illegible])	0.[illegible] (0.[illegible])
株式会社ジェイ[illegible]	東京都中央区日本橋[illegible]2-15-8	50	0.24
株式会社じゃぱざん	東京都千代田区神田佐久間町1-11	50	0.24

氏名または名称	住所	所有株式数（株）	株式総数に対する所有株式数の割合（%）
株式会社エリアクエスト ※1,2	東京都新宿区西新宿2-1-1	100	0.48

エリアクエスト(8912)2005年12月の値動き

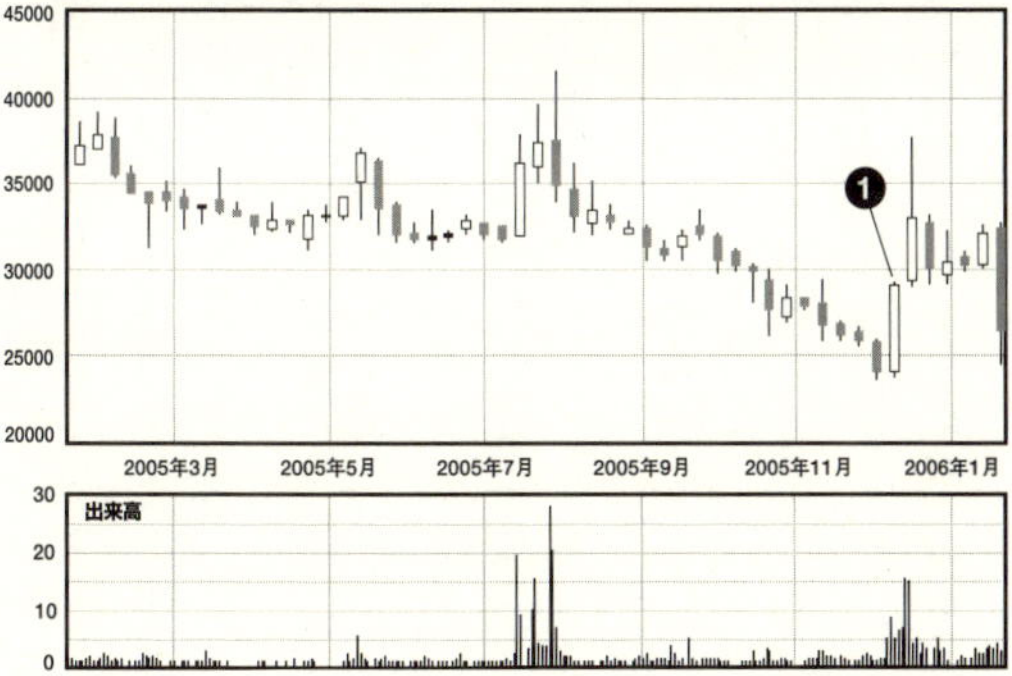

❶ 2005年12月……………出資先であるスターティアの上場達成にともなってエリアクエストの株価も急上昇した。

株式投資は恋人探し？

株式投資では「ケインズの美人投票論」がしばしば引用されます。「自分が美人と思う人ではなく、みんなが美人だと思う人に投票すればいい」という考え方です。「みんなが上がると思っている銘柄は株価が上昇するから、人気が集まりそうな銘柄をいち早く買えば儲かる」ということですね。しかし、世間一般から〝ボロ株投資家〟と呼ばれているワシは「美人投票」よりも「恋人探し」と言ったほうが株式投資のイメージに近いと思うのです。

「自分にお金を貢いでくれる人を探す」。これです、この考え方です。自分にお金を貢いでくれる人が恋人かどうかという議論はさておき、これを株式投資に当てはめると「自分に売却益を上げさせてくれる銘柄を探す」または「毎年きちんと配当金をくれる銘柄を探す」ということになります。

ね？　ぴったりくるでしょ？

そう考えると投資資金が少ないときの投資スタイルとしては、大幅な値上がりが期待できる〝ボロ株投資〟がいちばん適していると思うんです。ワシ自身、とくに不美人が好きというわけではないんですけどね。もちろん、投資資金が1億円以上になったら、配当利回りの高い企業の株を買って、毎年きちんと配当金を受け取るという方法に切り替えるつもりです。

第3章

本当に儲けたからわかる
割安成長株の買いどき・売りどき

第3章 本当に儲けたからわかる 割安成長株の買いどき・売りどき①

儲ける秘訣は「負け組投資家」の逆を行く

売買の基本は、安く仕入れて、高く売る

商売人の基本中の基本ともいえるのが「安く仕入れて、高く売る」こと。これは、株式投資の世界でも同じです。「何だ、そんなの当たり前じゃないか」とおっしゃる方もいるかもしれませんが、大半の投資家はこんな当たり前のことが実行できず、高いときに買い、安くなってから売って、損をしています。ワシはそんな〝ど素人投資家たち〟をたくさん見てきました。

株式投資の世界では、株価が高くなれば高くなるほど、投資家の関心が高ま

り、マスコミも注目してあおり立てます。「いま買わなければ、買いどきを逃す」という焦りがさらに市場をヒートアップさせ、出来高は急上昇していきます。

昔から「儲かっているのは1割だけ」といわれる株式投資の世界ですが、多くの負け組投資家たちは、そうした市場の熱狂の渦に巻き込まれて高値で買い、株価の急落とともに狼狽売りするというパターンに陥っているのです。

勝ち組投資家になるためには「安く仕入れて、高く売る」という商売の基本を実践できなければなりません。株の買いどきは「出来高が低くて誰も注目していないとき」や「同業他社の株が買われて影が薄くなっているとき」「業績が振るわず悪い噂ばかり流れているとき」「大暴落が起こって株がたたき売られているとき」なのです。そうした時期をねらって、ひっそりと、少しずつ、ねらいの銘柄を買い増ししておくんです。

そして、あるきっかけでその銘柄が再び注目を浴び、ほかの投資家たちが買い始めたところが売りどきです。市場の熱狂に踊らされて買い始める投資家たちに高値で株を引き取ってもらいましょう。高いところでうまく売り抜けられたら、次の割安銘柄を発掘するために『会社四季報』をめくるんです。

株価下落でも損切り禁止、ナンピン買いで対応せよ

ワシがこの本で、何度でも強調しているのが「損切りしてはいけない」ということです。慎重に慎重を重ねて選んだ銘柄です。ちょっとやそっとのことで損切りしてしまうなんて、もったいないと思いませんか？　確かに、株価が下落するのは精神的にもつらいものがあります。ほかの投資家も同じことを考え、急落におびえて株を手放すので、株価はさらに下がるかもしれません。でも、そうした時期が逆にチャンスです。株価が下がってもじっと耐える。場合によってはナンピン買いを入れて平均買付価格を下げる、そうやってピンチ（？）をしのぎましょう。来るべき株価上昇の際には、その苦労が何倍にもなって報われるはずです。ワシがおすすめする財閥系低位株は、基本的に倒産する心配はありません。いつの日か、株価は元に戻ると信じましょう。

また、購入した銘柄の株価がなかなか上昇しないと、ほかの銘柄に目移りしやすいのですが、これも我慢しないといけません。とくに同業他社の株が跳ね上がっているときなどは「自分の銘柄選びが間違っていたのではないか？」と

いう思いにとらわれがちです。でも、そこで高騰している同業他社の銘柄に飛びついてしまうようでは勝てないのです。ほかの銘柄に乗り換えた直後に、それまで保有していた銘柄の株価が高騰したりしたら泣くに泣けませんよ。

同業他社の株価が上がっている時期は、あなたの持ち株が上昇の力をためている時期なのです。株価上昇には、順番があります。その順番は、じっと待ってさえいれば必ず自分が買った銘柄にも回って来ます。

勝ち組投資家は売りたいときに買い、買いたいときに売る

当たり前の話ですが、株式市場は上がるときもあれば下がるときもあります。いつでも思うとおりに株価が動いてくれることなどありえません。

一般的には、株価が上昇しているときに買いたくなる傾向があります。株価上昇の流れに乗って株を買うことを「順張り」、下落しているときに買いに出ることを「逆張り」というくらいです。ここで考えてみてください。「買いたい」ということは、言い換えれば「売りたくない」ということなんです。反対に「売りたい」ということは「買いたくない」ということになります。なんだか禅

問答みたいですが、具体的な商品に当てはめて考えてみればわかります。

たとえば住宅。家を買うにもタイミングがありますよね。土地が値上がりしているときは、できるだけ早く買わないと損をするような気分になります。反対に、土地が値下がりしているなら、購入時期を先延ばしにしたほうがより安く買えそうだと考えるのがふつうでしょう。株を買おうとするときも「まだ上がる」と考えれば「いまのうちに……」と、早めに買いたくなります。まだ下がると考えれば「もう少し待ってみよう」と、買い控えるようになります。

しかし、株式投資で本当に儲けたいのならば「買えないな、買いにくいな」と思ったときにこそ買いましょう。株式市場が下降トレンドに入ったときには、「明日も明後日も下がるんじゃないのか？」「少なくともあと1カ月は下落局面が続きそうだ」といった漠然とした不安が買いをためらわせ、売りを加速させます。だから株価が下がるんです。日経平均が下がり続けるような局面では、個人投資家が不安になるのは無理もありません。それがふつうの投資家の心理です。でも、そこが買いなんです。弱気になりがちな自分に打ち勝って、意欲的に買いに出るくらいでないと、勝ち組投資家への道は開けないのです。

反発をねらった買いの成功例

日経平均が暴落し、SBIホールディングスの株価も急落。このときに勇気を出して買いを入れた結果、ほどなく反発して利益を出すことができました。

SBIホールディングス（8473）
2005年4月の値動き

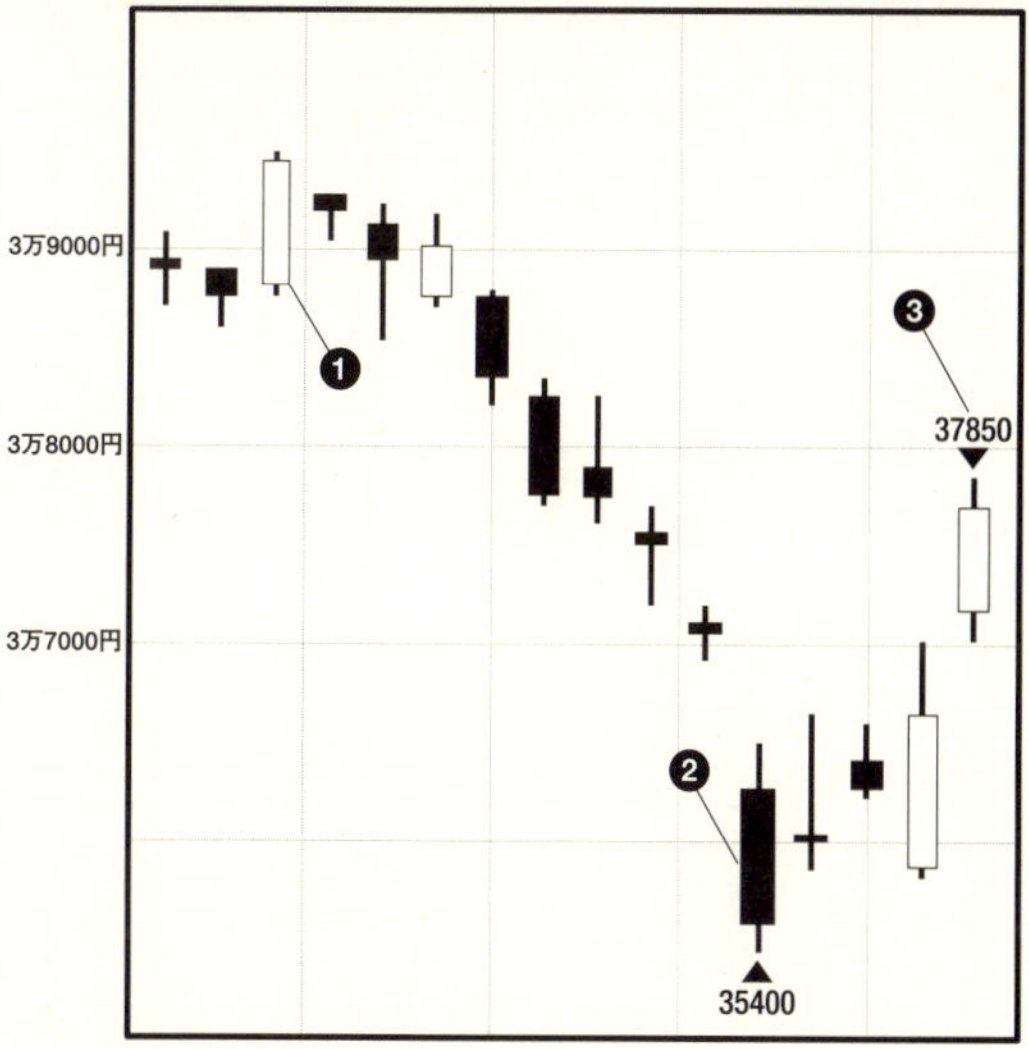

❶ 2005年4月5日　終値3万9450円。
❷ 2005年4月18日　米国株安を受けて日経平均が暴落。3万6000円で購入
❸ 2005年4月22日　値3万7850円まで反発した。終値は3万7700円

ねらっている銘柄は『会社四季報』の発売日前に仕込む

業績情報公開前に優良銘柄を仕込めば勝てる！

ワシたちのような個人投資家にとって、企業の業績を知ることができる『会社四季報』の発売や、「四半期決算・中間決算・本決算」の発表は、最大のイベントといっていいでしょう。『会社四季報』の株価への影響は計り知れないものがありますから、その発売は株価上昇のきっかけになります。投資家の中には〝四季報銘柄〟といって、『会社四季報』が発売されたと同時に有望な銘柄を買いあさる人がいるほどです。また、決算の発表も株価に大きく影響します。もし、企業が発表する業績が事前の予想を上回っていれば、株価が大幅に上昇する可能性があるのです。これらのイベントを利用しない手はありません。

ワシは、事前に好材料が発表されていて、なおかつその発表に対して株価が全く反応していないような銘柄を少しずつ買っておくようにしています。株価の上昇を見込んで「先回り」するわけです。このように、株価の上昇を見込んであらかじめ買い増ししておくことを「仕込む」と言います。

ワシのような仕込む側は、株価が上がりそうな銘柄は常にウォッチしていますから、『会社四季報』や決算発表時に公開される情報は目新しい情報とはいえません。しかし、一般の投資家たちにとっては「そんな情報、初めて知った！」というケースも少なくないのです。そういう人たちは、公開された情報を新鮮な材料として受け止め、その銘柄を『会社四季報』発売日や、決算発表のタイミングで買うわけですね。買い注文が集まれば、自動的に株価は上がります。

なお、『会社四季報』は3、6、9、12月の中旬発売、決算発表予定日の情報は、東京証券取引所の「適時開示情報閲覧サービス」や「虎年の獅子座」（131ページ参照）というホームページなどでを入手できます。

情報開示前に仕込むには、月次情報をチェックする

注目している企業が「月次情報」を公開している場合は、それを見ると『会社四季報』や決算発表よりもさらにきめ細かく業績情報を調べることができます。月次情報とは、主に小売・サービス業の会社が自社のホームページで公開している投資家向けの資料のことです。

月次情報の推移をしっかりチェックしておけば、その企業の好調、不調のサインを読み取ったり、業績情報公開時のおおまかな予測が立てたりできるため、先回り買いをすることができます。たとえば、全店売上高が前年比１００パーセントより上なら、その企業は成長していることになりますし、１００パーセントを下回っていたら要注意です。また、今期の売上目標が前年比１２０パーセントであった企業の累計売上が１３０パーセントを上回っているならば、予想以上に業績が伸びていると考えられ、業績予想の上方修正が期待できます。

ワシは、株価が月次情報の内容を反映していない、つまり、業績が向上しているのに株価が上がっていない状況は、買いのサインと見ています。また、そ

れまで何カ月も前年度割れだった企業の売上高が、あるとき100パーセントに回復したら、業績不振から脱却したサインである可能性があります。その後も前年比売上高が100パーセント以上を持続できるようなら、株価もそれに合わせて急上昇するでしょう。売上高の前年度割れが続いた企業は株価が大きく下落しているはずで、回復に転換したときのインパクトの大きさに比例して、株価の上昇幅も大きくなります。また、月次情報にはサプライズ（予想外の情報）が公開されることもあります。これは、以降の業績を予想する意味で重要な材料となるので、業績不振の企業でなくとも月次情報には目を通したいです。

仕込んだ銘柄も買値から2倍になっていれば売る

ワシの場合、『会社四季報』の発売や決算発表の前に有望な銘柄を仕込んだら、その銘柄の値動きを定期的にチェックしていきます。ワシと同じような考えからその銘柄を仕込む投資家たちがいて、業績情報が公開される前に株価が徐々に上昇し始めることがあるからです。その場合、ワシは株価が買値の2倍以上になっていれば、業績情報の公開前に売却してしまいます。このような銘柄は業績情報の公開をきっかけに株価が下落する可能性があるので、その直前に売り抜けてしまうのです。株価が上がっているということは、業績の向上がすでに株価に反映している、いわゆる「織り込み済み」という状況でしょう。「まだまだ上がる」などと考えて売らないでいると、せっかく有望銘柄を見つけ出し、時間をかけて仕込んだ苦労が水の泡となってしまいます。

一方、黒字予想が出されると思われる銘柄なのに、株価が上昇しないこともあります。こうした銘柄は、一般の投資家が気づきにくい、知名度の低いものに多いようです。業績が公開されるまで株価が動かない場合は、公開後に黒字であることが広く世間に知られることになり、そこから株価が上昇します。

いずれにしても黒字予想の銘柄は、業績情報の公開前に仕込んでおくといいです。近年の日本経済の状況では、大幅黒字予想が赤字になることは、まずありえません。仮に決算発表後に株価が上昇しなくても、黒字経営の企業ならば「そのうち上がる」と、ワシは考えています。つまり、決算発表後に株価が上がり、短期間に目標達成できればＯＫ。仮に株価への影響が低ければ、そのまま保有して長期投資の態勢をとればいいというわけです。

決算発表時の動き方

決算発表前に仕込んでおいた銘柄は、株価が2倍になった時点で売却します。2倍にならなければ長期投資の態勢で株価上昇を待ちます。

決算発表日前後の売買テクニック

決算前の業績予想をチェック、黒字が伸びていたり、
赤字から黒字へ転じる企業をピックアップ
株価をチェックし、まだ上昇していない銘柄があれば仕込んでおく
決算日前に買値の2倍になったか?
YES
NO
決算日前に売却
そのまま保有
株価が買い値の2倍になったか?
YES
NO
売却する
2倍になるまで
そのまま保有

決算発表日情報の入手先

東京証券取引所 - 適時開示情報閲覧サービス

http://www.tse.or.jp/disclosure/

証券取引所等（東証、名証、福証、札証、JASDAQ）の上場企業が開示した、投資判断上重要な会社情報を掲載している。

虎年の獅子座

http://www003.upp.so-net.ne.jp/mhoshina/

日米主要銘柄の決算発表予定日程を掲載したExcelデータをダウンロードできる。

完全無欠の「ナンピン買い」ルールで株価が下がっても心配無用

株価は下がる、だからこそ上がるときが来る

ワシは「株は下がるから上がる」と考えています。これだけ読むと「そんなこと当たり前だろ!」と言われてしまいそうですが、実際にいろいろな銘柄の値動きを見てみると、なかなか下がらない株も多いことに気がつくでしょう。でも、そういう株はあまり値上がりもしません。初心者のうちは、企業名が知られていて経営が安定している、そういう〝安心感のある〟企業の株を買いがちです。でも、値上がりしないのでは儲けが出せませんから、そういう銘柄を買

うことは、ワシ的にはあまり関心しないわけです。

ワシは投資の前に資金を3つに分散し、初期投資用に加えてナンピン買い用、暴落時用を用意することをおすすめしています（44ページ参照）。これは、最初に買った株の値段が下がることを想定しているのです。もちろん、購入した銘柄の株価がグングン上昇しているなら〝言うことなし〟ではありますが、世の中、そんなに甘くありません。慎重に慎重を重ねて「この銘柄は将来、絶対に値上がりする！」と思って買った株でも、ちょっと値下がりしたりすると不安になってしまうのが〝ど素人〟というもの。しかし、株価は下がるものと考えて、あらかじめ資金に余裕を持たせておけば、「まだナンピン買い用の資金があるから」と思えるのです。最初に資金を3分割しているのは、ある意味〝精神安定剤〟になるからなんですね。

さて。持ち株の株価が順調に（？）下がった場合ですが、ワシは絶対に損切りをしません（56ページ参照）。損切りするような銘柄は初めから買わないし、「株は下がるから上がるもの」という信念があるからです。そこで3分割した資金から、ナンピン買い用の資金の出番となります。

持ち株の株価が下がったら、ナンピン買いで対処する

ナンピン買いとは、最初に購入した銘柄の株価が下がったら、その平均買付価格を下げるためにさらに同じ銘柄を購入することを指す言葉です。たとえば、20万円の資金を投じて2000円の株を1000株購入したとします。ところが、運の悪いことに1000円まで下落してしまった……。20万円で買った株の価値が10万円に、つまり10万円の含み損が出てしまったわけです。

そんなときは、ナンピン用の資金から10万円を使って1000円で1000株を追加購入しましょう。この時点で持ち株の数は2000株、投資した資金は合計で30万円。平均買付価格は150円になりますね。株数は2000株に増えましたが、含み損の金額に変化はありません。これは、最初から1500円の株を2000株購入したのと同じ結果になっているということです。なんだか得(?)をしたような気になりませんか?

備えあれば憂いなし。株価が下がったくらいで落ち込むのは今日からやめましょう。むしろ、下がったらウキウキするくらいの投資家になりましょう。そ

のくらい、ナンピン買いには効果があるのです。

ルールを決めて少しずつナンピン買いするのがコツ

では、ワシが実際にナンピン買いをした例を紹介しましょう。銘柄はマネックス・ビーンズ・ホールディングスです。2004年の9月上旬、ワシは株価が下落していたマネックスに目をつけ、13万5000円で最初の1株を購入しました。ところが、これから上昇すると思われたマネックスは、逆にグングン下がり続ける。そこでナンピン買いに出ることにしたわけです。ワシは、株価が下がって6万5000円になるまで、1万円下がるごとに1株をナンピン買いすると決めました。6万5000円という基準は感覚的なもので、とくにこの金額でなければいけないというわけではありません。「過去○カ月間での最安値」などを目安にして自分なりに最低ラインを決めるといいでしょう。

問題は株価がそこまで下落する間の投資額の合計はいくらになるかですが、これは簡単に計算できます。12万5000円＋11万5000円＋10万5000円＋9万5000円＋8万5000円＋7万5000円＋6万5000円の合計を求めるだけでいいのです。この結果、ナンピン買いに必要な資金は合計で66万5000円だとわかります。また、最初の投資額まで含めた投資総額は80万円となり、マネックスの持ち株の合計は8株になっていますから、平均買付価格は80÷8でちょうど10万円。実に3万5千円も下がるのです（実際の株価はそこまで下がりませんでした）。

断っておきますが、これはあくまで一例。こんなに小きざみにナンピン買いしなくても、手持ちの資金を考えて2万円間隔、3万円間隔でもかまいません。ただし、ナンピン買いを入れていく場合、途中で株数を変えないで、1株なら1株ずつ、1000株なら1000株ずつというように、同じ株数を買い増しするほうがいいでしょう。なぜか？　確かに株価が下がるにつれて株数を多くしていけば、それだけ平均買付価格を下げることはできます。しかし、株価がどこまで下がるのかは予想できませんし、株価が下がるほど雪だるま式に含み損が増える状況は、ふつうの感覚では耐えられませんから。

儲けの幅をさらに増やしてくれるナンピン買い。ワシが「株価が下がったらウキウキする」と言った意味、ご理解いただけたでしょうか。

ナンピン買いの成功例

3回にわたってナンピンしたため、13万5000円で購入した銘柄の平均買付単価が12万円まで下がりました。もちろん、その後は反発です。

マネックス（8698）2004年9月の値動き

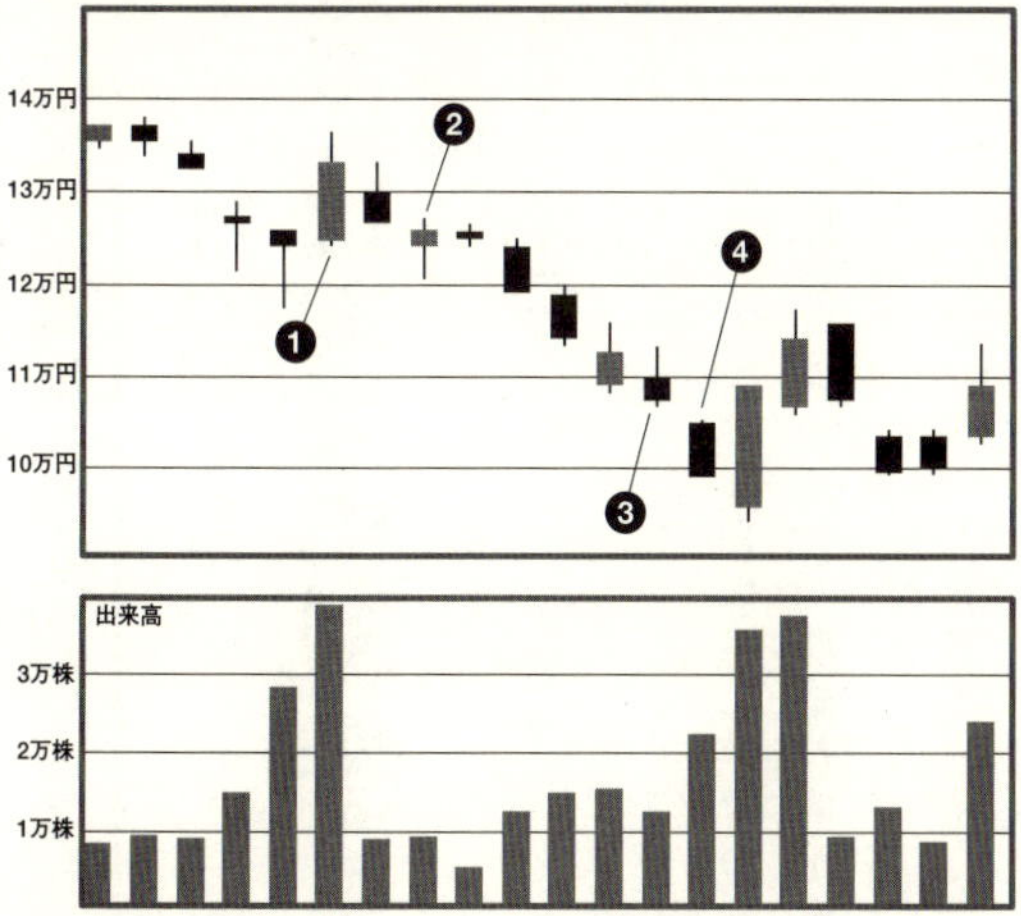

❶ 2004年9月7日　13万5000円買い…初期投資用の資金で購入。
❷ 2004年9月10日　12万5000円買い…ナンピン買いで、平均単価を13万円に。
❸ 2004年9月17日　11万5000円買い…ナンピン買い。平均単価12万5000円に。
❹ 2004年9月21日　10万5000円買い…ナンピン買いで、平均単価を12万円に。

「底値」予想は厳禁！ 暴落・急落には冷静に対処する

損切りしない、塩漬け株を作らない資金活用法

今度は3つ目の暴落時用資金の使い方についてお話ししましょう。

「暴落なんて、そうそう起こるものじゃないでしょ?」

などと思っていると、それは甘いです。株式投資を始めてみればわかりますが、株価の暴落はちょくちょく起こります。ワシが知っている大暴落は数えきれません。○○ショック、ブラック□□なんていう名前がつけられた大暴落は数えきれません。株式市場全体の暴落でなくとも、社長や重役が逮捕されたとか、重大な事件を

起こした企業の銘柄が急落したりするのは、ほんとうに「よくあること」なんです。

選びに選んだ銘柄の株価がものすごい勢いで下落していくのを見ているのは、本当に気分が悪いです。いやむしろ心臓に悪いです。こういうとき、すべての資金をつぎ込んで勝負している投資家たちは、大損を覚悟で損切りするか、大幅な含み損をかかえたまま、売ることも買うこともできない状態に陥るか、どちらかになります。そうなったらもう、株式投資は続けられません。再び資金がたまるまでコツコツと貯蓄をするか、売るに売れない「塩漬け株」の株価が上がる日を、ひざをかかえて待ち続けるしかなくなってしまうのです。

そんなことにならないように、自己資金の40パーセントを暴落時用の資金としてあらかじめ用意しておくわけです。ナンピン買い用の資金は〝精神安定剤〟と言いましたが、暴落時用の資金は、それよりもっと重要です。株式市場から撤退するかどうかという最後の勝負に使う〝カンフル注射〟と言ってもいいでしょう。

下落局面で底打ちを見極めるのは至難のわざ

では、ワシがど素人投資家におすすめする配分で、100万円の投資資金を2（初期投資＝20万円）、4（ナンピン買い用＝40万円）、4（暴落時用＝40万円）に3分割したときを例に、暴落時への対処法をレクチャーしていきましょう。

最初に、初期投資資金から15万円を使って、150円の株を1000株買ったと仮定します。その後、急上昇の願いはかなわず、株価は140円に下落。そこでナンピン買い用の資金から14万円を投じて1000株の買い増しし、さらに130円まで下がったところで再度ナンピン買い用資金から13万円を使って1000株を買い増ししました。

「そろそろ反発しないかな？」などという淡い期待とは裏腹に、株価は下げ止まるどころか、日経平均の暴落につきあうように下がり続け、120円、110円……ついには100円を切ろうかというところまできてしまった。暴落時用の資金40万円。あなたならどうしますか？

まず、考えられるのは、「これ以上は下がらない、ココが底だ！」と思えた時点で、40万円すべてをナンピン買いにあてる方法。でも、これはダメ、0点です。日経平均が下降気味になると、どこまで下がるのか、予想がつきません。底を見切って、一気に資金をつぎ込むのはもってのほか。予知能力でもない限り、底値を見極めることは不可能です。

では、20万円を2回に分けるのはどうでしょうか？　正直に言うと2分割でも甘い、30点。10万円を4回に分けないと資金が尽きて負けてしまいます。暴落時の資金を使うときは、絶対に負けてはいけません。含み損を作りながらでも、負けない方法を考えることが必要なのです。仮に暴落時用資金が100万円あったとしても、10万円ずつ10回に分けて勝負することです。ワシが言いたいのは「最小単位で買い、できるだけナンピン買いの回数を増やせ」ということです。

べつに、ここで大儲けをしなくてもいいんです。株式市場が回復すれば、高い値段で買った銘柄はその株価に近づき、必ず含み益を出してくれます。暴落時に買うのは、そのときまで耐えるための取引なのです。

暴落時に購入した銘柄の利益確定方法

ナンピン買い用の資金を使って購入した株は、初期投資用の資金で買った株と一緒に、目標株価まで待ってから、まとめて売り抜けるのがベストです。が、こと暴落時用の資金を使って買った株に関しては、できるだけ早く回収したほうがいいでしょう。個人投資家は資金が乏しくなると不安になってしまうので、それを避けるためです。

では、どのように利益確定をしていけばいいのでしょうか？　ワシは90円で購入した1000株は110円で売り、1000円で買った1000株は120円で……というように、購入順から逆に、そのときの買値を超えた時点で利益を確定させていきます。途中で株価が下がり始めてしまった場合は、もう一度同じ値段で買い直しますね。こういう売買をしていれば、長期的には負けにくくなります。

暴落時の資金は早めに回収。いかなるときでも資金に余裕を持たせておくのが、中長期投資を行なうためには大切なのです。

暴落時用の資金は早めに回収

初期投資費用30万円の半分を投資。株価下落時はナンピン用の資金で1000株ずつ2度、買い増ししました。が、その後さらに暴落。暴落時用の資金でさらに1000株ずつ2度ナンピンして、総投資額は61万円に。できるだけ早めに回収して資金に余裕を持たせたいので、暴落時用の資金で購入した2000株は株価が反発したところで売却しました。その後、再び下落するようなら、この資金を使って再度買い戻す手もあると思います。

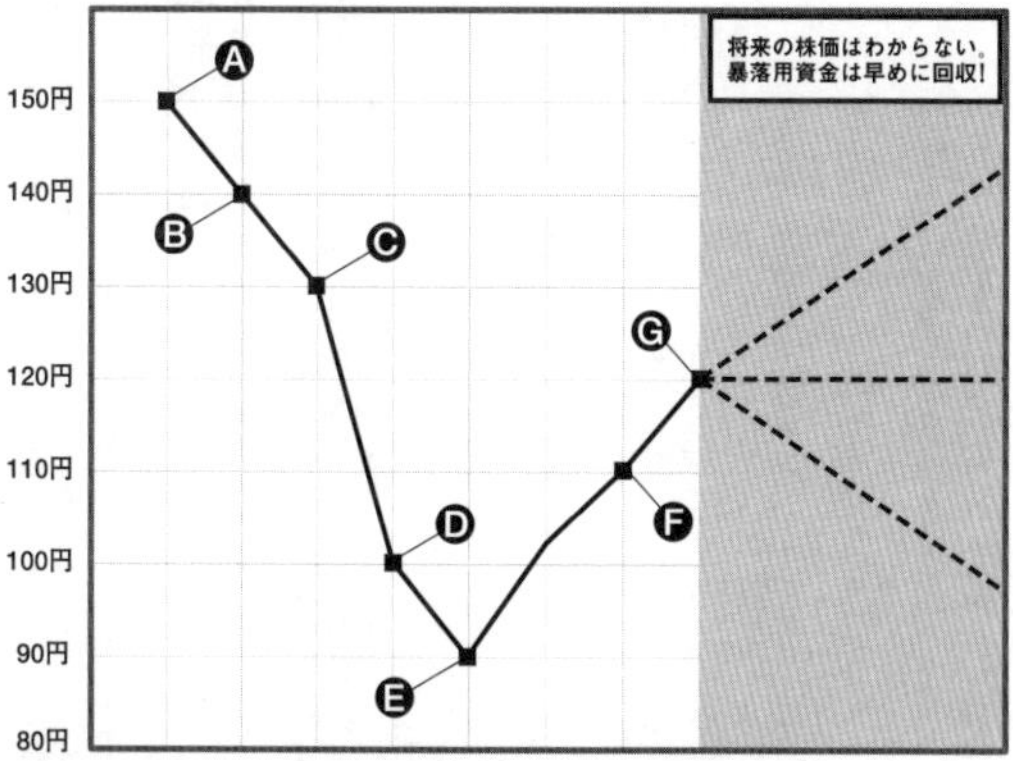

Ⓐ：株価＝150円…初期投資用の資金で1000株を購入。
Ⓑ：株価＝140円…ナンピン用の資金で1000株をナンピン買い。
平均買付額は145円。
Ⓒ：株価＝130円…さらに1000株をナンピン買い。平均買付額は140円。
Ⓓ：株価＝100円…暴落時用の資金で1000株をナンピン買い。
平均買付額は130円。
Ⓔ：株価＝90円… さらに1000株をナンピン買い。平均買付額は122円。
Ⓕ：株価＝110円…初期投資用の資金で1000株を購入。
Ⓖ：株価＝150円…初期投資用の資金で1000株を購入。

第3章
本当に儲けたからわかる　**割安成長株の買いどき・売りどき⑤**

実利を取るために「利食いの鉄則」をキモに命じよう

急騰時と急落時、きちんと利益を確定して勝つ

株に関する格言で「損切りは早く、利食いは遅く」という有名なものがあります。ワシは損切りを認めていませんので、これについては早いも遅いもありませんが、利益を確定する「利食い」を遅くするのは大賛成です。「利食い」は遅ければ遅いほど、それだけ儲けが増えるからです。

まずは一般的な利食いの方法を考えてみましょう。あなたの持ち株の株価が順調に上昇しているとします。あなたは、上昇が止まって下降し始める直前、

いわゆる「天井」で売ることができますか？　それができれば理想的ですが、まず無理でしょう。「まだ上がるかもしれない」という気持ちが邪魔をして、下がり始めるまで売れないでいるはずです。株価の天井がわかるくらいなら、ど素人投資家ではなく、天才投資家です。

それでも、下がり始めた瞬間に売れるようならまだマシ。ほとんどの人は株価が下がりきったところで「もう限界」とあきらめて売っているはずです。ちょっと反発して株価が上昇すると、「これから上がるはず」と思ってしまい、やっぱり売れない……。売却のタイミングは本当に難しいですね。でも今後は、これから紹介するテクニックを駆使して「最初に下落し始めたところ」か「少しでも反発を見せたタイミング」で売ってください。

トレーリングストップで含み益の増大をねらう

まず「最初に下落し始めたところ」で売る方法ですが、これは「トレーリングストップ」という方法が使えます。トレーリングストップは、上昇している株価が高値から○パーセント下がった時点で売るとあらかじめ決めておく手法で、ワシはこの「〇パーセント」の設定を、銘柄のクセによって使い分けています。株価の動きが比較的安定している銘柄の設定は5パーセント、急騰・急落しやすい銘柄は10パーセントです。急騰・急落しやすい銘柄は大幅に下がったところから反発して急上昇することも多く、5パーセント下がったくらいで売ってしまうと儲け損なうことがあるのです。そういう銘柄は下落の幅を大きくして余裕をみておくわけです。

株価が永久に上がり続けることはありえませんから、必ずどこかで下がります。その逆も真なりで、永久に下がり続けることはなく、(倒産でもしない限り)必ずどこかで反発します。株価は上がったり下がったりを繰り返していくのです。しかし、長い間、投資を行なっていると、株価の上昇に勢いを感じるときがあります。ワシの経験から言うと、そういうときの株価は、高値から10パーセントまで下がることがほとんどありません。トレーリングストップが優秀なのは「天井で売り抜けたと思ったのに、直後に暴騰……」という事態に陥りにくい点にあります。売った直後にその銘柄が暴騰するとすごく腹が立ちますよね。でも、売ったのは自分ですから、どうすることもできません。それならば、高値から10パーセント分は〝必要経費〟と最初からあきらめて、株価が上昇している間は、とことん食らいついていくのが賢いと思います。これなら、高値から10パーセント下がるまでは、永久に含み益を増やせるというわけですから、理想的な状態といえるでしょう。

戻り売りを使えば急落時にも対応できるが……

次に「少しでも反発を見せたタイミング」で売る方法ですが、これには、株価が反発したタイミングをねらって売る「戻り売り」という手法が使えます。

これはワシの体験ですが、住友金属工業が年初来高値の208円から徐々に下落していました。もしも「10パーセント下がったところで売る」というトレーリングストップを設定していたとしたら、187円まで下がった時点で利益を確定しているところです。

しかし、人間は弱い生き物ですから、「持ち直すかもしれない」などと考えてしまい、売りそびれることもありますよね。実際はその後、187円を割りるどころか、株価はさらに大きく下げてしまいました。ふつうならここで売ってしまいそうですが、ワシならここはじっとガマンして、株価が反発を見せ、187円まで上昇した時点で利益を確定させます。株価の習性として、下がり始めたからといって一直線に暴落するということはほとんどありません。必ずどこかで必ず反発します。そこのタイミングをねらって売るのです。この手法のメリットは、急落時に底値で売ってしまうことを避けられる点にあります。株価の動きを体で感じることができるようになれば、買いのタイミングをはかる際にも応用できます。

ただし、「戻り売り」には注意しなければならない点もあります。株価が数日間にわたって下がり続けているようなケース、つまりほとんど反発しない場合は、この方法が使えないのです。また、戻り売りとはいえ、いつまで待てばいいのかというのを、具体的に示せないのも難点です。トレーリングストップのように「何パーセント戻ったら売りですよ」とは言えないのです。経験がものを言う部分もあるので、投資ビギナーにはおすすめできません。歯切れが悪くて申し訳ありませんが、できればこの手法を使わないで済むよう、トレーリングストップを徹底してください。

最高値から5%下がったら売る！

急騰時にはトレーリングストップを使って利益を確定します。
何パーセント下がった時点で売るかの設定が勝敗の分かれ目です。

若築建設（1888）2004年12月の値動き

❶ 12月8日
292円をつけた後に5%下がったので277円で売却

トレーリングストップ

急落時は反発を待って売る！

急落時には戻り売りで対処しましょう。ただし、急落時に反発してくれないと戻り売りは使えないので、売り損なわないように気をつけてください。

住友金属工業（5405）2005年4月の値動き

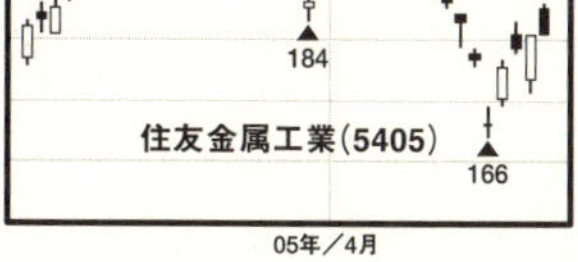

❶ 3月10日
年初来高値

❷ 4月22日
最高値から10%下がった187円まで戻したところで売りたい

戻り売り

株価上昇時には必ずサインが出る

株式投資において有名な2つの分析方法

ワシはこの本の中で何度も「きちんと分析したて選んだ銘柄の株価は、いつか必ず上がる」と言ってきました。でも、その〝いつか〟が1週間後なのか、半年後なのか、それとも1年後なのかは断言できません。1週間や1カ月ならふつうの人でも待てるでしょう。しかし、3カ月、半年となってくると「本当に上がるのかな」と心配になってきますよね。一時的にしろ、その銘柄の株価が下がっていたりしたら、もう気が気じゃないかもしれません。そんな人のために、株価が上昇するサインを発見する方法をお教えしておきましょう。

　ワシたち投資家には、企業の財政状態や経営成績をもとにその企業の将来性を判断し、有望な銘柄に投資して配当金で儲けるタイプと、過去の株価の水準や値動きに注目して将来の株価の動きを予測し、いちばん安い（と判断した）ときに買い、株価が上がりきった（と思われる）ところですぐに売ってその売却益で儲けるタイプの大きく2つに分かれます。

　このように、企業の業績情報から投資の判断を行なうことを「ファンダメンタルズ分析」、株価の動きから投資の判断を行なうことを「テクニカル分析（チャート分析）」と言います。ファンダメンタルズ分析とテクニカル分析、この両者の良し悪しは、投資家それぞれによって意見が分かれます。ワシの場合、銘柄選びではファンダメンタルズ分析を中心に考えていますが、実は、テクニカル分析もその補足として活用しています。

　過去の株価の動きを記録した「株価チャート」を分析すると、株価が上昇、下降するポイントが見えてきます。有望な銘柄を見つけたあと、株価チャートを分析して売買タイミングをはかるのは、有効な作戦といえるでしょう。

チャート図に欠かせないローソク足の意味を理解しよう

テクニカル分析とは、すごく乱暴に言えば「昔、こういう動きをしたから、今回はこのように動くだろう」「去年、ここが底値だったから、いまが買いのタイミングとしては最高だろう」というような考え方です。このような判断は株価チャートを元にしているので、テクニカル分析は別名「チャート分析」とも呼ばれるわけです。テクニカル分析に株価チャートは欠かせません。

１５３ページの図を見てください。これは「ローソク足」と呼ばれるグラフで、その銘柄の取引が最初に行なわれたときについた株価（始値）と、最後に行なわれたときについた株価（終値）、いちばん高いときの株価（高値）、いちばん安いときの株価（安値）を表しています。１日単位の株価の動きをローソク足で表したチャート図は「日足（ひあし）」、１週間単位の動きを表したものは「週足（しゅうあし）」と呼びます。１カ月単位なら「月足（つきあし）」、１年単位なら「年足（ねんあし）」ですね。

ローソク足は株価の上がり下がりがひと目でわかるように、白と黒に色分けしてあります。白いローソクは株価が上昇したときのもので「陽線」、黒いローソクは株価が下降したときのもので「陰線」と呼ばれます。また、ローソクの上下にはみ出した〝芯〟のようなものは「ヒゲ」と呼ばれ、上に伸びた「上ヒゲ」は高値を、「下ヒゲ」は安値を示しています。

このローソク足の並びが右上がりになっていれば株価は上昇しているといえ、右下がりになっていれば下降していると考えられます。テクニカル分析にはいろいろな手法がありますが、すべてのテクニカル分析の基本はこのローソク足にありますから、ここでぜひ覚えておいてください。

ローソク足

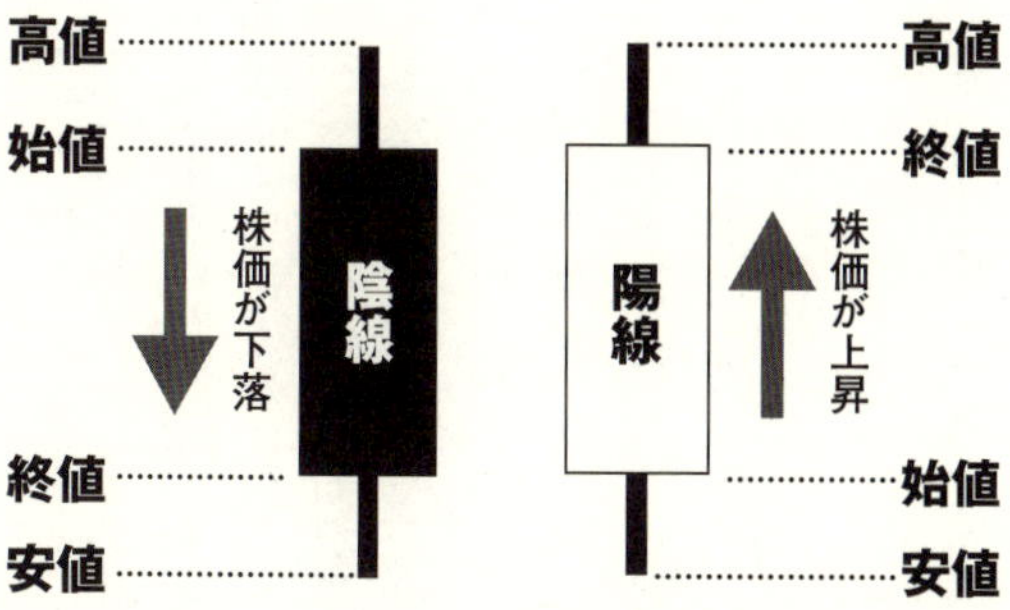

ゴールデンクロスは株価上昇のサイン！

左の図は住友金属工業の週足チャートです。注目してほしいのは、その中の移動平均線。移動平均線とは、ある一定期間の終値、もしくは出来高の平均値をとって、線にしたもの。通常、週足では13週・26週がよく使用されます。

図をよく見ると、2本の移動平均線が途中でクロスしているポイントがあることに気がつきますね。最初に短期（13週）の移動平均線が長期（26週）の移動平均線の下に抜けています。これは「デッドクロス」といい、株価の下落が始まるサインと言われています。しかし、住金の場合は2カ月ほどで反発して、短期（13週）が長期（26週）の上へ抜けていきました。デッドクロスと反対に、短期の移動平均線が長期移動平均線の上に抜けるポイントを「ゴールデンクロス」といい、株価上昇のサインとされています。実際、ゴールデンクロス後に住金の株価は上昇を開始しました。

この2つのサインはあくまでも目安であり、絶対的なものではありません。とはいえ、ゴールデンクロスが発生すれば株価が上昇しやすいことは事実です。

ゴールデンクロスとデッドクロス

ワシはファンダメンタルズ分析を重視していますが、株価チャートも参考にしています。購入した株価の上昇を確認する意味です。

住友金属工業(5405)の週足チャート

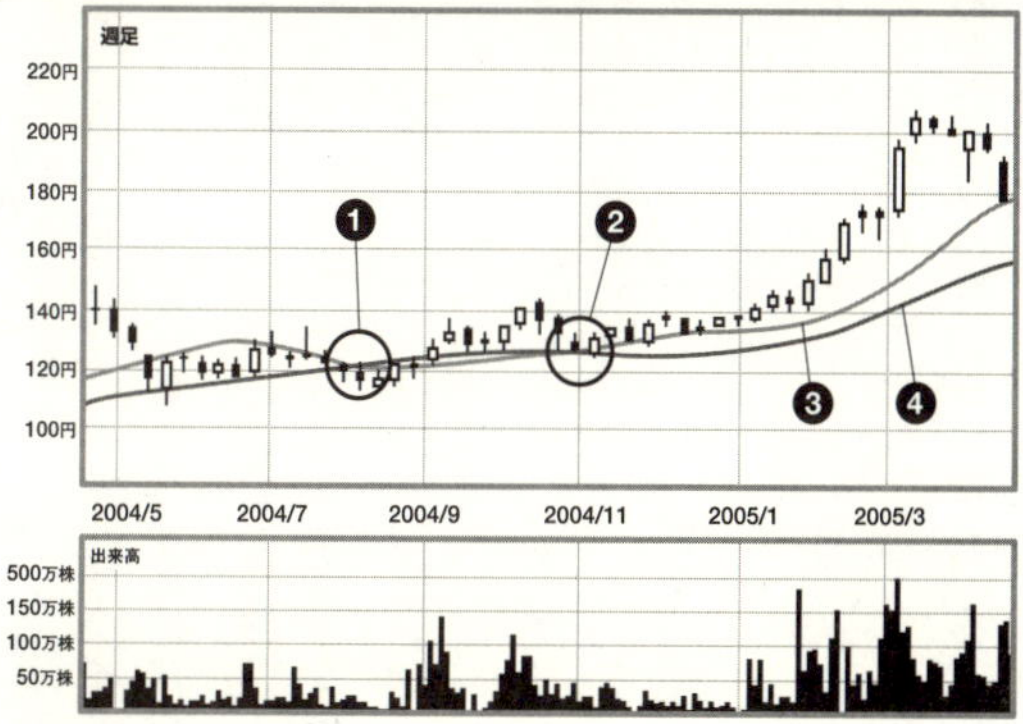

❶デッドクロス

移動平均線の短期線が長期線を上から下に突き抜けること。デッドクロスが発生した場合、相場は下降トレンドに入る可能性が高いといわれる。

❷ゴールデンクロス

移動平均線の短期線が長期線を下から上に突き抜けること。ゴールデンクロスが発生した場合、相場は上昇トレンドに入る可能性が高いといわれる。

❸移動平均線(13週)

基点から過去13週の株価(終値)の平均値を折れ線グラフ化したもの。株価の短期的なトレンドを表す。

❹移動平均線(26週)

基点から過去26週の株価(終値)の平均値を折れ線グラフ化したもの。株価の長期的なトレンドを表す。

株式市場で取引している人々

株を買っている人々をごくおおざっぱに分類すると次の3つに分かれます。

1：外国人　2：機関投資家　3：個人投資家

1の外国人は意外でしょう。実は日本企業の株って外国人にとても人気があるんです。そして、日本のどんな株の名人と戦っても負けないくらいの凄腕の投資家がゴロゴロいるといわれています。ただし、この人たちは、自国の株を買うついでに日本の株を買うというスタンスですから、自国の経済状態が悪化してくるとすぐに日本の株を売ってお金に換えてしまいます。企業にとっては、あてにならない投資家ということになります。

2の機関投資家という言葉はあまり聞いたことがないと思います。ここでは、企業、銀行、保険、年金、その他もろもろの大口の投資家をすべて含むことにします。大口というくらいですから、資金の規模が違います。株価に影響を与えるくらいの力を持っています。

3の個人投資家はワシたちです。ど素人から、株の達人までいろいろな方がいます。統計上、株で損をするのはほとんど個人投資家ということですから注意が必要です。あなたも、損をするほとんどの人たちにならないようにしましょう。

えっ、ワシか？　ワシはもちろん〝黒字〟。きちんと儲かってます。

第4章

初公開!! 買い方・売り方がひと目でわかる
私が儲けた銘柄ベスト5

財閥系低位株の好例
住友金属工業

なべ流投資術を実証した財閥系銘柄

ワシが最初に目をつけた財閥系低位株がこの住金です。当時は倒産のうわさが流れるほど業績が悪く、初購入したときの株価は51円。その後も一向に上がる気配はなく、その間はアルバイトなどで稼いだ資金でナンピンを入れて、ひたすら耐えました。そして、一年後、住金の業績が回復すると、株価も順調に上昇。さらに半年後には、購入時の2倍になりました。当分は売買せず、配当を受けるために保有していく予定です。

なべの売買例-1

購入から1年半、ひたすら耐えた結果、株価が2倍に。現在も大幅な含み益を出しています。なべ流の典型といえる銘柄です。

住友金属工業(5405)の値動き

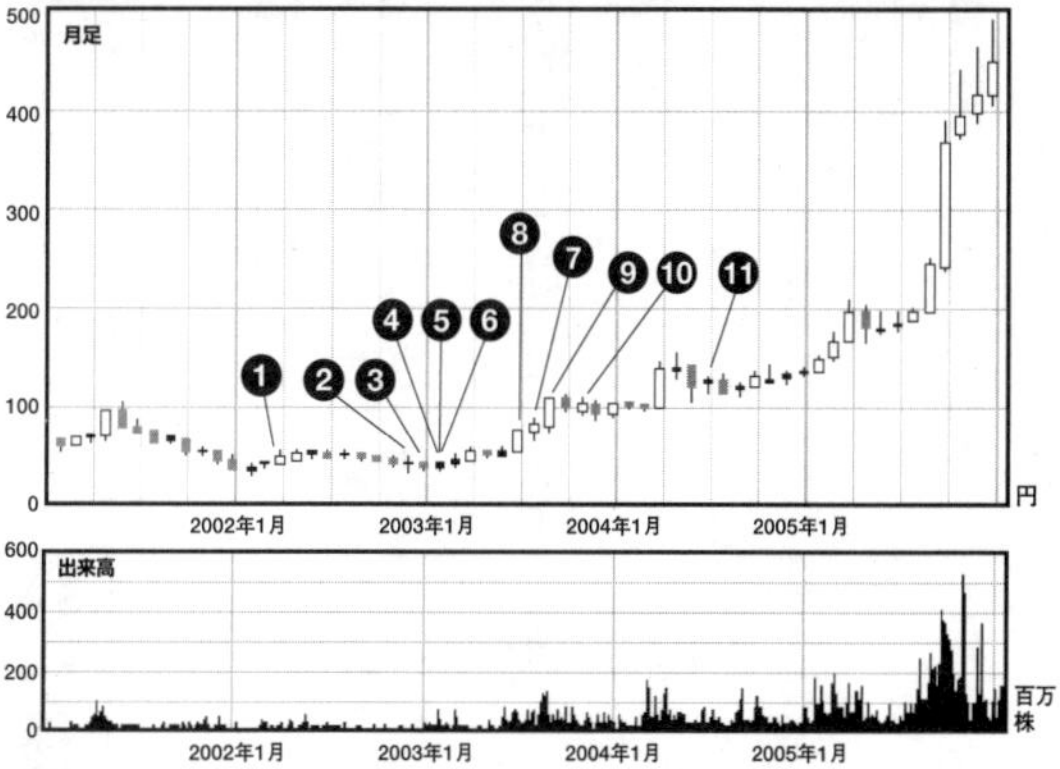

❶ 2002年3月18日　51円買い…初めての住金の買い。かなり待たされる。
❷ 2002年11月15日　43円買い…資金的に余裕ができた&株価の下落でナンピン。
❸ 2002年12月5日　42円買い…以後、1～2円きざみでナンピン。
❹ 2003年1月7日　40円買い…同じくナンピン。
❺ 2003年1月9日　39円買い…2002年末の36円最安値更新後、さらに下落。
❻ 2003年1月15日　38円買い…ダブルボトムの安心感から38円で最後のナンピン。
❼ 2003年7月2日　83円売り…欲が出てきて一部売却。
❽ 2003年6月17日　65円買い…83円で売却したものを買い戻し。
❾ 2003年8月26日　99円売り…大部分を売却。
❿ 2003年10月23日　100円買い…売却がもったいなくなり100円で一部買い戻し。
⓫ 2004年6月23日　123円買い…さらに買い増し。

短期のつもりが長期に SBIホールディングス

ナンピン買いを駆使してひたすら耐える

最初、短期投資でキャピタルゲインをねらうつもりでしたが、思ったように株価が上昇せず、そのまま持ち越し。短期から長期投資に切り替えることにした例です。年末の税金対策売り、増資発表などで株価が値下がりするたびにナンピン買いを入れ、2年近くもひたすら耐える日々を過ごすこととなりました。その後は順調に株価が上がって購入時の2倍前後となり、含み益も増大。ここまで上昇すれば、ほぼ心配はいりません。

なべの売買例-2

短期から長期に切り替えて成功した銘柄です。ナンピン買いでこらえ続けた結果、大幅な含み益を得ることができました。

SBIホールディングス(8473)の値動き

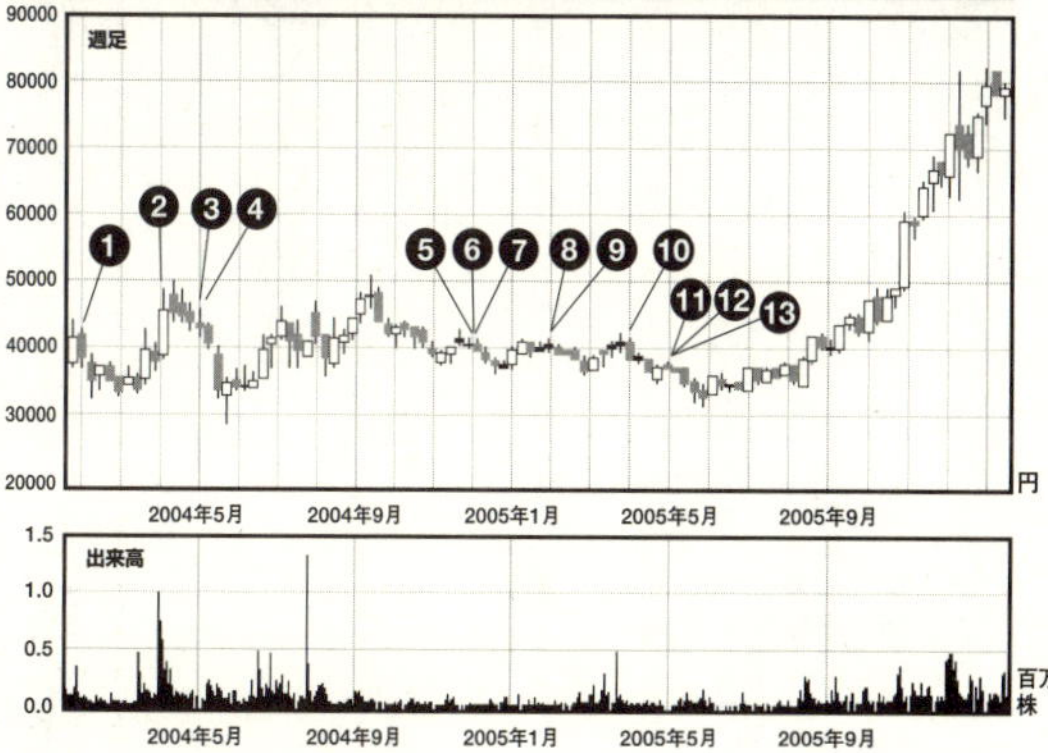

❶ 2004年2月27日　34667円買い
…証券株がいっせいに上昇を始めるが、イー・トレード証券を持つここだけが出遅れていた。そこで打診買い。

❷ 2004年4月28日　43667円買い
…短期で利益確定をするために購入するも思ったように上昇せずにそのまま持ち越し。

❸ 2004年5月6日　41667円買い
…前回の購入よりも2000円値下がりしたので購入。

❹ 2004年5月10日　38667円買い
…GW前から市場全体が大幅に下落した、いわゆる「ブラックメイ」。絶好の買い場となって大喜び。

❺ 2004年12月14日　38000円買い
…税金対策の売りが本格化し始める。

❻ 2004年12月16日　36900円買い
…テクニカルの指標で買いシグナルが出ていたので購入。

❼ 2004年12月17日　37750円買い
…同じくテクニカルの指標を見て購入。

❽ 2005年2月23日　38000円買い
…増資発表にともない、株価が急落。すかさず拾う。

❾ 2005年2月24日　36650円買い
…前日よりさらに1000円以上値下がりしたので購入。

❿ 2005年4月18日　36000円買い
…4万円を超えていた株価が再び下落。以後、1000円きざみでナンピン買いを設定。

⓫ 2005年5月16日　35000円買い
…2005年最後の価値下がり。16日･17日･18日と毎日のようにナンピン買いの注文が成立する。

⓬ 2005年5月17日　34000円買い
…ナンピン買い。

⓭ 2005年5月18日　33000円買い
…ナンピン買い。

※ソフトバンク・インベストメントが社名変更

想定外の急落をしのぐ翔泳社

ライブドアショックでストップ安の嵐

株価上昇を見込んで購入したものの、ライブドアショックの影響で急落してしまいました。取引としては成功とはいえませんが、株式投資を続けていれば、こういう不運にも遭遇するものです。あわてずにナンピン買いを入れ、市場が落ち着くのを待ちました。ライブドアショックは、上場している市場が東証マザーズということもあり、過去の例と比べてみると〝恐怖感〟という意味ではさほどインパクトのあるものではなかったようです。

なべの売買例-3

ライブドアショックに巻き込まれて株価が急落した銘柄です。取引そのものは成功とはいえませんが、対処法としては正解でしょう。。

翔泳社(9478)の値動き

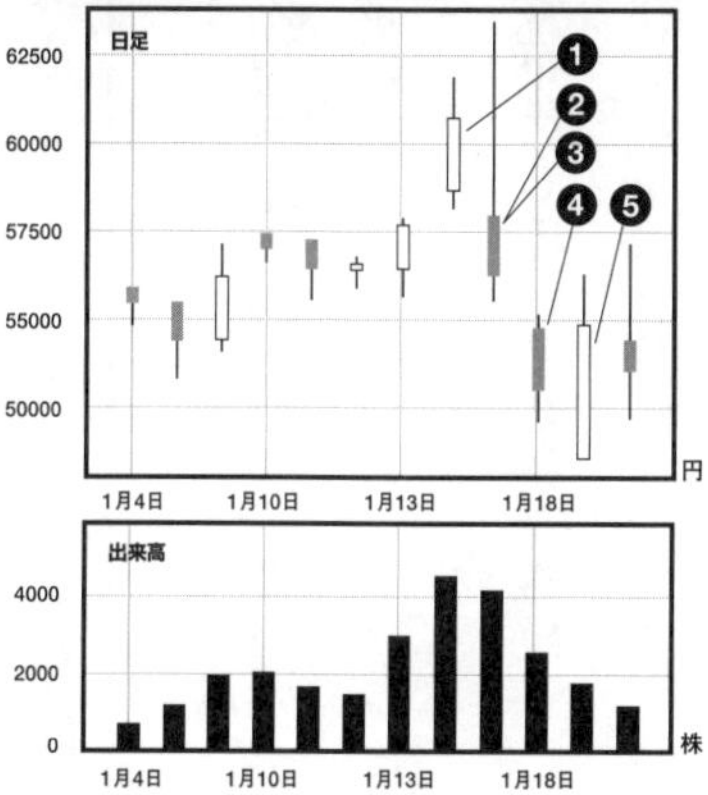

❶2006年1月16日　58700円買い
…株価が上昇するのを察知し、飛びついて購入。この後にライブドアショックが起こり、取引そのものは失敗。

❷2006年1月17日　58000円買い
…上の取引と比べてたった700円の差額となっているが、実際は63500円まで急騰した後の急落をねらっていた。前場の取引ではショックの影響が少なかったものが一転、他の銘柄はストップ安の嵐。

❸2006年1月17日　56000円買い
…同じ日に2000円安い株価でナンピン。この株価で購入できるとは思っていなかったので、うれしい。

❹2006年1月18日　54000円買い
…一度下がり始めたら、ほぼ規則的に2000円きざみで指値を入れる。この日もストップ安のところまで叩き売られる銘柄多数。

❺2006年1月19日　51100円買い
…52000円で指値注文をするつもりでいたが、案の定売り注文が多く、それに引きずられる形で51100円で買うことができた。その後は反転。終値は54900円で、ひとまず落ち着きを取り戻す。

値上がりを期待して買い増し サンウッド

業績低迷で低空飛行していた銘柄が急騰

業績向上を見込んで先回り投資した銘柄が、思惑通りに急騰した例です。サンウッドは業績の向上がなかなか株価に反映せず、1年半近く待たされましたが、結果的には買値の2倍以上になりました。保有している間、数回にわたってナンピンを入れて買い増しし、株数を増やせたのも好結果につながっています。見切り売りをせず、株価が下がったらナンピン買いで株数を増やす……なべ流中長期投資の本領発揮といえるでしょう。

なべの売買例 - 4

株価上昇までずいぶん待たされましたが、結果的には大成功。業績が向上すれば株価も上がるという信念が招いた勝利といえます。

サンウッド(8903)の値動き

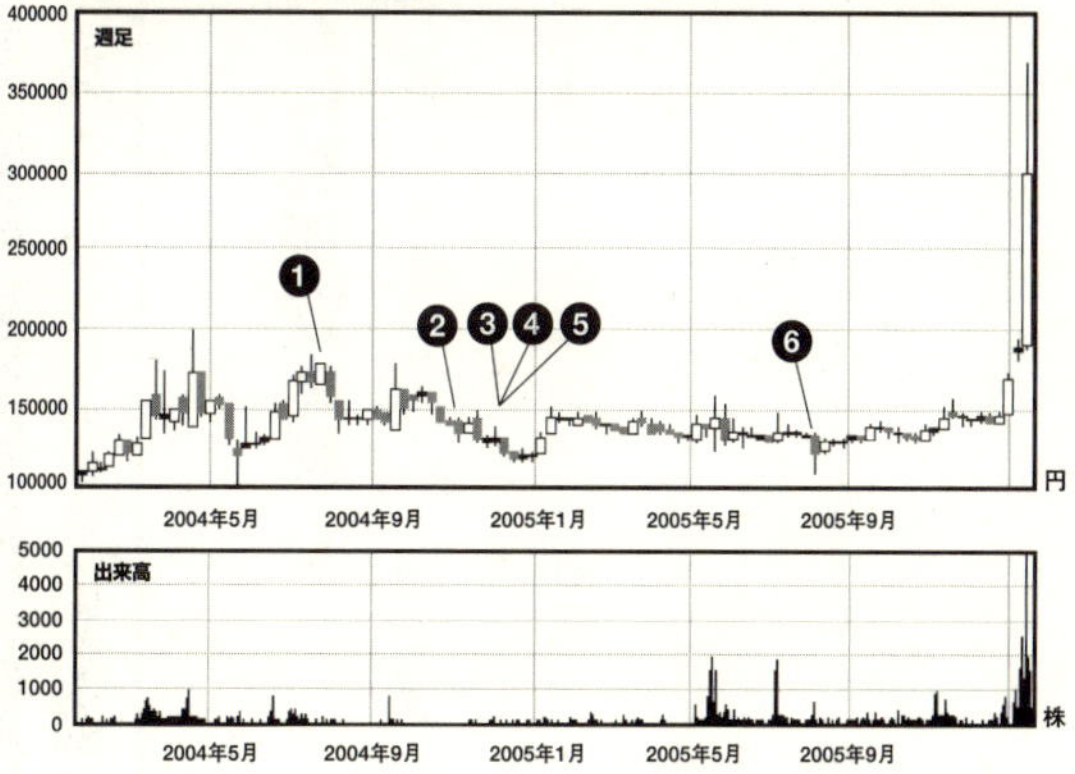

❶ 2004年8月10日　145000円買い
…2005年3月期の業績が向上する見込みであることが「会社四季報」でわかり購入する。

❷ 2004年11月16日　135000円買い
…この日は1日で1万円以上の値下がり。急落は買い。

❸ 2004年12月6日　129000円買い
…前回の買いから6000円値下がりしたところをナンピン買い。

❹ 2004年12月9日　123000円買い
…ナンピン買いの値幅を5000円より1000円多くとり、資金的な余裕を作る。

❺ 2004年12月17日　118000円買い
…下げ止まった気配を見せたので118000円で指値。運よく取引成立。

❻ 2005年8月5日　125000円買い
120000円買い
115000円買い
110000円買い
…大口投資家の売りで急落。指値注文が次々と成立し、ホクホク顔。

イベントごとに株価が上昇
ドリームインキュベータ

IPOを見越して購入し、順張りでも成功

株価が上昇している最中に買い増しをしていった、ワシとしては珍しいケースです。最終利益が前期と比べて3倍増になっているにもかかわらず、株価がほとんど上昇していなかったので、資金に余裕ができるたびに購入しました。日経新聞での特集、『会社四季報』の発売、業績発表など、イベントごとに株価が上昇した典型例といえます。業績の裏づけがあれば、逆張りをしなくても高値でつかむことはなくなります。

なべの売買例-5

ワシとしては珍しく順張りに出て成功した数少ない銘柄です。出資先の企業が上場すると、出資している企業の株価も上昇します。

ドリームインキュベータ(4310)の値動き

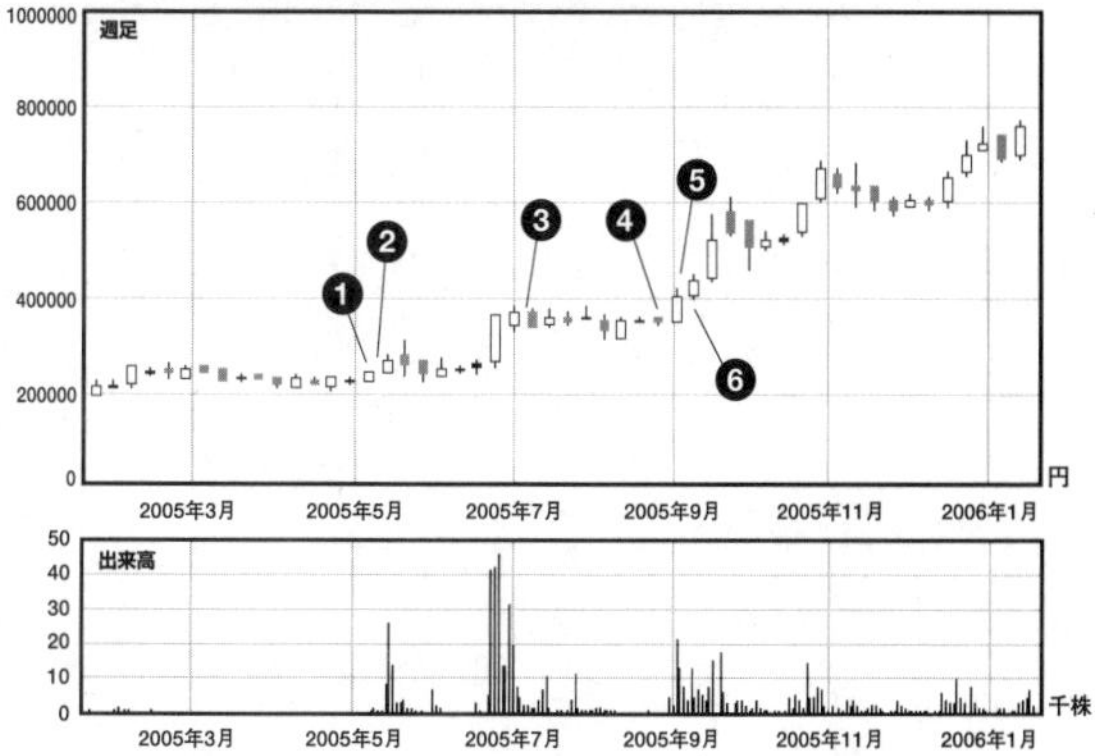

❶ 2005年5月9日　240000円買い…投資先セレブリックスのIPOを見越して購入。

❷ 2005年5月13日　260000円買い…IPOを先取りして株価が上昇。買えなくなる
262000円買い　前に飛びついて購入。

❸ 2005年7月15日　335000円買い…2カ月の低迷期間。資金的な余裕ができたので買い増しを決意。

❹ 2005年8月31日　358000円買い…第1四半期の業績が好調であることが明らかだったのでこのタイミングで購入。

❺ 2005年9月2日　386000円買い…値上がりする中、順張りでさらに購入。普通は失敗する順張りも、業績の好調さに支えられて成功。

❻ 2005年9月9日　437000円買い…9月5日のオール投資で業績予想が発表される。好調が決定的となり、最後の購入。

配当金はパ〜ッと使いたい

株を保有していると「配当金」が受け取れます。ここでは、ある企業の株を100万円買ってあるとしましょう。その企業の配当利回りが年利3パーセントだとすると、年間で3万円の配当を受け取れることになりますね。

さてこの配当金、みなさんはどう使いますか？　もちろん、再投資に使って投資資金を増やす、というのもすごく正しいです。しかし、ワシは数千円から数万円程度の配当金であれば、ぜひとも〝使い切っていただきたい〟と思います。ワシはふだんインターネットで取引をしているせいか、勝っても負けても証券口座の数字が変化するだけで、ちっとも充実感がないのです。つまり、ストレスがたまるんです。そんなストレスを解消するために、おいしいものを食べたり、旅行に行ったりしてパ〜ッと使ってしまってほしいのです。まあ、考え方は人それぞれなので強制はしませんが、このような〝ちょっとした贅沢〟によるストレス解消効果はかなり大きいです。

もっともワシは、配当金どころか利益さえ出せないような赤字企業の株を買う〝ボロ株投資家〟ですから、配当金なんてほとんどもらったことがありません。でも、投資した企業が黒字になり、配当金がもらえることになると、喜びもひとしお。飛び上がるほどうれしくなります。

第5章

知っておくと得をする
株式投資のおまけ知識&用語集

会社の家計簿「財務諸表」の読み方

「財務諸表」とは、会社の持っている資産や負債額、売上利益や資金の流れをつけた帳簿のことで、たとえて言うなら「会社の家計簿」です。財務諸表はいくつかの書類から成っていますが、とくに知っておきたいのは「貸借対照表」と「損益計算書」の読み方です。これらの書類は一般に「決算書」と呼ばれています。

「貸借対照表」は、ある時点における企業の財政状態を、株主、債権者、その他の利害関係者に明示するために、すべての資産、負債および資本を一覧にしたもの。簡単に言ってしまえば「財産と借金がこれだけありますよ」という報告書です。

173ページの図を見ていただくとわかりますが、貸借対照表はちょ

貸借対照表

一定時点における企業の財政状態を示した一覧表。バランスシートとも呼ばれ、表の左側に資産、右側に負債と資本が入っています。

科目	金額	科目	金額
(資産の部)		(負債の部)	
I 流動資産	4,294,757	III 流動負債	2,710,193
現金預金	2,390,871	買掛金	1,766,105
供給未収金	1,024,299	未払金	153,602
商品	558,309	未払税金	63,220
1年内回収予定建設協力金	93,755	未払消費税等	30,504
未収金	74,749	未払費用	379,911
その他	168,738	預り金	132,333
貸倒引当金	△15,967	賞与引当金	140,350
II 固定資産	8,883,596	共済契約準備金	44,166
1.有形固定資産	7,434,543	IV 固定負債	724,792
建物	1,619,344	長期借入金	600,000
構築物	2,227	役員退職給与引当金	26,000
車両運搬具	150,861	職員退職給付引当金	64,599
器具備品	67,107	預り保証金	34,193
土地	5,486,274	負債合計	3,434,986
建設仮勘定	78,753	(資本の部)	
2.無形固定資産	79,884	V 出資金	6,098,218
ソフトウェア	97,083	組合員出資金	6,098,218
その他	12,776	VI 剰余金	1,348,843
3.その他の固定資産	1,369,168	1.法定準備金	2,010,000
関係団体等出資金	175,176	2.任意積立金	3,645,150
長期貸付金	151,595	記念事業積立金	210,000
長期前払費用	4,344	福祉事業積立金	20,000
差入保証金	25,000	共済事業積立金	10,843
建設協力金	512,901	既存店対策積立金	70,000
長期預金	150,000	固定資産圧縮積立金	63,000
保険積立金	355,655	別途積立金	975,000
その他	2,250	3.当期未処分剰余金	286,306
貸倒引当金	△7,755	(うち当期剰余金)	(178,006)
		資本合計	9,743,368
資産合計	13,178,354	負債・資本合計	13,178,354

負債

企業がお金を集める方法のひとつ。借金はここに当てはまる。

資本

企業がお金を集める方法のひとつ。自己資金や投資家から集めたお金がここに当てはまる。

総資産

集めたお金を企業がどのように使ったのかを表している。

総資本

総資産＝総資本(負債＋資本)

うど左右のブロックに分かれていますね。このブロックの左側の資産項目は借方であり、右側の負債項目と資本項目は貸方です。よって、貸借対照表では、貸借対照表でも左右の借方と貸方の金額は常に一致するため、次のような計算式が成立します。

・**資産＝負債＋資本**

一方、「損益計算書」は企業の経営成績を明らかにするため、一会計期間におけるすべての収益と、これに対応するすべての費用とを記載して経常利益を表示し、これに特別損益に属する項目を加減して当期純利益を表示しているもの。わかりやすく言えば、「この会社はこれだけ儲けましたよ（損していますよ）」ということが書かれた書類です。

１７５ページの図のように、左側のブロックにある「仕入原価」などの費用項目は、借方項目となります。右側のブロックにある「売上」などの収益は、貸方項目です。損益計算書でも、必ず左右の合計金額が必ず一致し、次の数式が成立します。

・**当期費用＋当期純利益＝当期収益**

これらは、年に1、2回、「事業報告書」として株主に送られてきます。

損益計算書

業績を掲載した報告書。一定期間における企業活動を収入と支出に分け、決算期ごとの企業の経営成績を明らかにするものです。

区分	科目	金額	額
経常損益の部・事業損益の部	I. 供給事業		
	1. 供給高		24,870,165
	2. 供給原価		
	(1) 期首商品棚卸高	498,743	
	(2) 仕入高	19,720,242	
	合計	558,309	
	(3) 期末商品棚卸高	20,218,985	19,660,676
	供給剰余金		5,209,489
	II. 共済事業		
	1. 共済事業収入		545,401
	2. 共済事業費用		235,735
	共済剰余金		309,666
	事業総剰余金		5,519,156
	III. 事業経費		
	1. 人件費	2,796	
	2. 物件費	2,747,969	
	3. 共済委託手数料	81,437	5,289,384
	事業剰余金		229,771
経常損益の部・事業外損益の部	IV. 事業外収益		
	1. 受取利息	2,459,977	
	2. 受取配当金	4,777	
	3. 受取利用割戻金	9,918	
	4. 雑収入	25,620	43,112
	V. 事業外費用		
	1. 支払利息	4,519	
	2. 雑損失	2,689	7,209
	経常剰余金		265,674
特別損益の部	VI. 特別利益		
	1. 固定資産売却益		
	2. 貸倒引当金戻入益	6,706	6,856
	VII. 特別損失	3,793	
	1. 固定資産除却損	150	
	2. 子会社整理損	17,357	
	3. 退職給付会計基準変更時差異	9,824	30,975
	税引前当期剰余金		241,556
	法人税等		63,550
	当期剰余金		178,006
	前期繰越剰余金		108,300
	当期未処分剰余金		286,306

費用

収入を得るために必要になった経費。人件費などがここに含まれる。

収益

一定期間に得られた収入の合計。本業による利益や土地などを売却した収入も含まれる。

利益

一定期間の会社の儲けを表す。収益から費用を引いた残りと一致する。

費用＋利益＝収益

「日経新聞」の株価欄はこう使う

投資家たちが愛読しているのが日本経済新聞（日経新聞）。この日刊紙の株価欄は、『会社四季報』と同じように投資家たちの信頼が厚く、株式市場に影響が出るほどの力を持っています。ここでは、その読み方を解説していきましょう。179ページの図を参照してください。

❶は株式市場の名前で、「東証1部」は「東京証券取引所第1部市場」の略。このほか株式市場には東証2部（東京証券取引所第2部市場）、大証1部（大阪証券取引所第1部市場）、大証2部（大阪証券取引所第2部市場）、マザーズ、ヘラクレス、ジャスダックなどがあります。それらの市場で取引される銘柄の株価情報は別

の面に掲載されています。

❷は取引日。株価情報の取引が行われた日付ですね。基本的には新聞の発売日の翌日ということになります。

❸は業種名。関係ありませんが、ワシは鉱業・建設・食品・繊維・化学・鉄鋼・金属などの銘柄が好きで、その辺のものをよく買いますね。

❹は銘柄で、株式市場で取引できる株の名前です。企業名が省略された形で載っています。

❺はいろいろな時点での株価を表しています。左から順に解説すると「その日、最初に取引が成立したときの値段」「その日、いちばん高く取引された値段」「その日、いちばん安く取引された値段」「その日、最後に取引されたときの値段」です。

❻のように時々、株価の中に白黒反転で表示されているものがあります。これは「高値」の欄なら「年初来高値」、「安値」の欄なら「年初来安値」を表しており、それぞれ「今年、いちばん高い値段で取引された」「今年、いちばん安い値段で取引された」とい

う意味になっています。

❼の「前日比」はここに記載された終値を前日の終値と比べてどれだけ上がったか、または下がったかを示すものです。△が上がった印で、▲が下がった印です。勝ったときは白星だから白、負けたときは黒星だから黒というふうに覚えておくといいでしょう。もちろん、前日比が「0」の場合は上下していないということですから、この印はつきません。

❽の「売買高」は、1日でどれだけ取引が行なわれたかを表すもの。多ければ多いほど、取引が活発に行なわれたことを示しています。

❾は「売買単位」といって、株を売買するときの最小単位を表していま す。銘柄の左にあるA～Kのアルファベットごとに単位が異なっていて、アルファベットがない場合はすべて「1000株」単位となります。

❿アルファベットに対応する売買単位については誌面の下部にある「株価欄の見方」に記載されています。そのほかの記号についても記載されているので、一度は見ておきましょう。

日経新聞の株価欄はこう使う！

投資家たちが購読する日刊紙のナンバーワンと言えば、日本経済新聞（日経新聞）です。この新聞の株価欄は『会社四季報』と同じくらい株式市場への影響力を持っています。

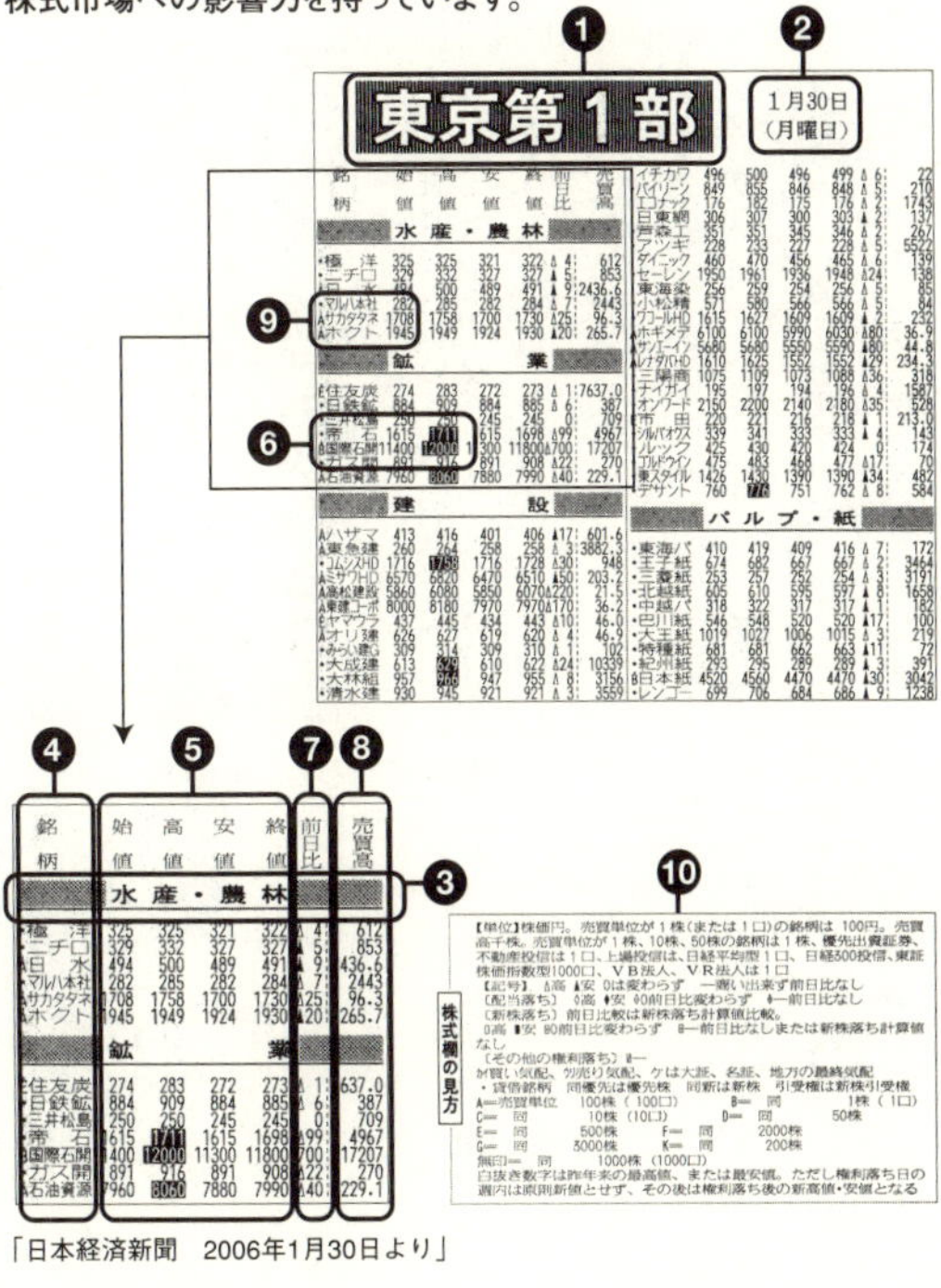

【単位】株価円。売買単位が1株（または1口）の銘柄は 100円。売買高千株。売買単位が1株、10株、50株の銘柄は1株、優先出資証券、不動産投信は1口、上場投信は、日経平均型1口、日経300投信、東証株価指数型1000口、VB法人、VR法人は1口
【記号】 △高 ▲安 0は変わらず 一売買い出来ず前日比なし
〔配当落ち〕 ◇高 ◆安 ◇0前日比変わらず ◆一前日比なし
〔新株落ち〕 前日比較は新株落ち計算値比較。
□高 ■安 □0前日比変わらず ■一前日比なしまたは新株落ち計算値なし
〔その他の権利落ち〕 ■一
カ買い気配、ウ売り気配、ケは大証、名証、地方の最終気配
・貸借銘柄　同優先は優先株　同新は新株　引受権は新株引受権
A＝売買単位　100株（100口）　B＝同　1株（1口）
C＝同　10株（10口）　D＝同　50株
E＝同　500株　F＝同　2000株
G＝同　3000株　K＝同　200株
無印＝同　1000株（1000口）
白抜き数字は昨年来の最高値、または最安値。ただし権利落ち日の週内は原則新値とせず、その後は権利落ち後の新高値・安値となる

「日本経済新聞　2006年1月30日より」

大事なトコだけチェックする『会社四季報』の読み方

ワシも愛読している〝投資家のバイブル〟ともいえる『会社四季報』。ここには3800社を超える上場企業の業績情報が掲載されており、ワシが重視しているファンダメンタルズ分析には欠かせない一冊となっています。「情報が多すぎて……」「書かれている意味がわからない」という方のために、『会社四季報』のチェックポイントと読み方を解説していきましょう（183ページ参照）。

❶【証券コード番号】

上場企業は、会社ごとに独自の番号が割り当てられています。この番号が重複することはありません。

❷【コメント】

ここの見出しに【黒字化】【浮上】【増益】【上方修正】など、プラスイメージの言葉があると株価が上昇する可能性が高いです。

❸【株主】

筆頭株主をチェックし、安心できる企業ならば投資対象にしやすくなります。とくに海外ファンドが登場したときは株価が動くので注目です。

❹【株式】

発行株式数を示します。「単位」は取り引きするときの最少株数です。

❺【高値】【安値】

年月と、その月の最高値および最安値が掲載されています。

❻【業績】

Ⓐ「1株益」

一株当たりでどれだけ儲かっているのるかがわかります。

Ⓑ「1株配」

一株当たりに対しての配当の額です。株数×配当利回りで決まります

Ⓒ「連」「単」「中」「予」

「連」はグループ企業を含めた連結

決算。「単」は企業の単独決算。さらに「中」は中期決算を表しています。そして「予」は『会社四季報』独自の予測。この予測値の株価に対する影響は絶大です。

D「営業利益」「経常利益」「利益」

売上からコストを引いたのが「営業利益」。「経常利益」は営業利益に本業以外の利益を加えた利益です。経常利益から税金などを差し引いて最終的に残る利益が「利益」(当期純利益)となります。これらは企業の「財務諸表」で公開されます。

❼【従業員】

「連」は関連企業も含めた従業員数。「単」は企業単独での従業員数です。かっこ内は従業員の平均年齢、年は平均年齢です。

❽【株価指標】

2006年第1集から追加された項目です。PER、PBR、株価などの情報があり、その銘柄が割安かどうか判断する際に役立ちます。

❾【株価チャート】

2006年第1集から、約3年半分の月足チャートが掲載されています。

会社四季報のここだけはチェック！

3800を超える上場企業の業績を客観的に分析した『会社四季報』は、“投資家のバイブル”とまで言われています。ぜひ、これを使いこなして、銘柄選択に役立ててください。

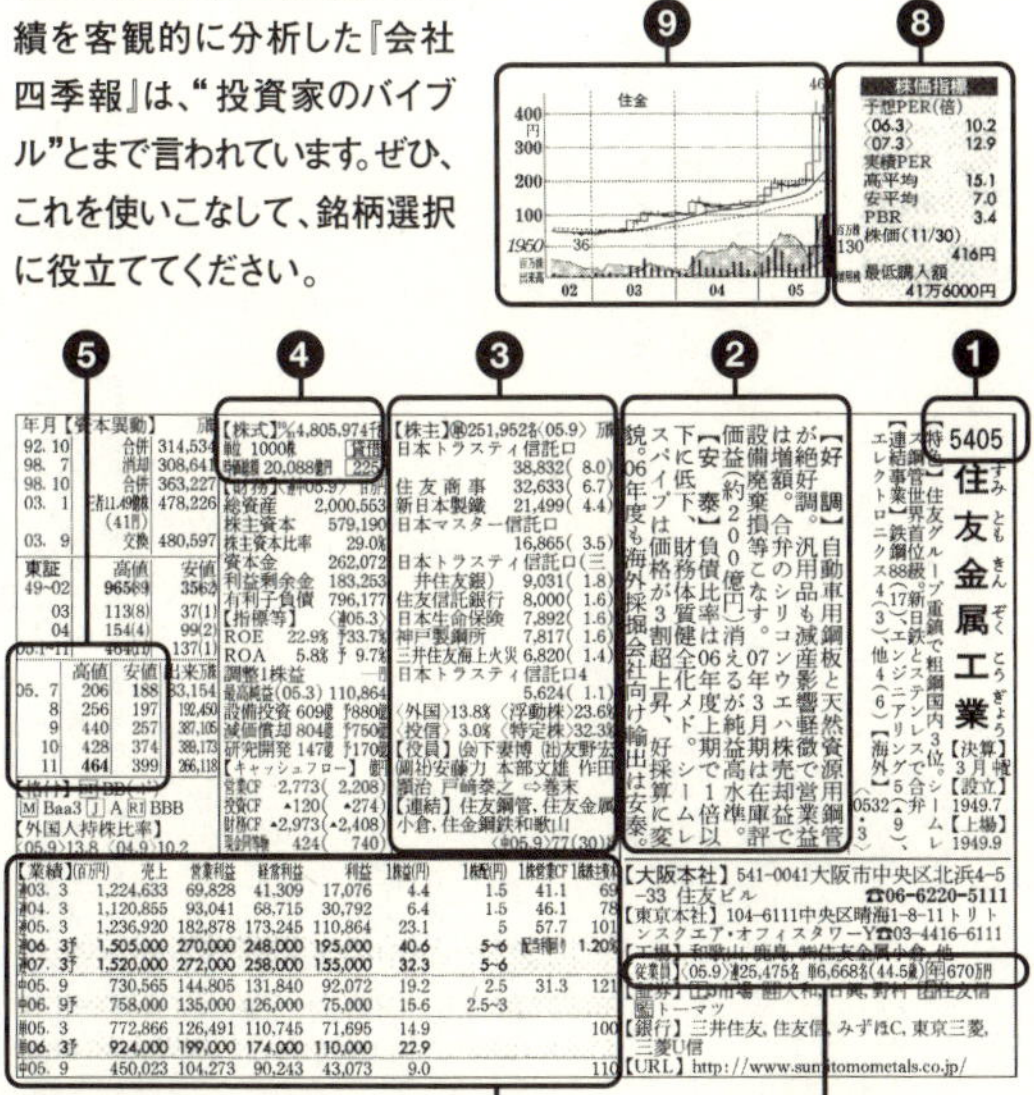

「会社四季報 2006年第1集より」

❶証券コード　❹株式　❼従業員
❷コメント　❺高値／安値　❽株価指標
❸株主　❻業績　❾株価チャート

ど素人のための
株式用語集

あ

【ＲＯＩ】《あーる・おー・あい》

投下資本利益率（Return On Investment）のこと。「営業利益＋減価償却費」を「株主資本＋有利子負債」で割って算出する。企業の収益力を示す指標のひとつ。フローから見た収益力を表す。


【ＲＯＥ】《あーる・おー・いー》

株主資本利益率（Return On Equity）のこと。純利益を株主資本で割って算出する。自己資本利益率ともいう。株主の投資に対して、どれだけ効率よく利益を上げているかの割合。ＲＯＥが向上しつつある企業は将来の成長性や収益性も期待でき、その結果、配当などの利益還元にもつながると考えられる。


【ＲＯＡ】《あーる・おー・えー》

総資産利益率（Return On Asset）のことで、純利益を総資産で割って算出する。会社がその全資産を使って、どれだけ効率よく利益を上げているかの割合。資本全体の効率性を見るのに優れた指標。ＲＯＥと補完し合う投資判断指標のひとつ。

【インカムゲイン】

株式を保有していることで得られる配当、利息などの利益。


【押し目買い】《おしめがい》

上昇傾向にある株価が一時的に下落した際に買付けを行なうこと。↓戻り売り

か

【外国人持株比率】《がいこくじんもちかぶひりつ》

外国人、外国法人所有の株式合計を発行済株式数で割ったもの。外国人が好む銘柄に上昇銘柄が多いため注目される。


【株価指標】《かぶかしひょう》

個々の銘柄の様々な株価の動きを統計手法によって市場全体の代表値として求めたもの。日経平均株価、ＴＯＰＩＸ（東証株価指数）などがある。


【株式相場】《かぶしきそうば》

証券取引所を通じて売買された株式の時価のこと。


【株式分割】《かぶしきぶんかつ》

1株を1・5株や2株といったようにいくつかに分割すること。例えば二分割が行なわれた場合、１０００株の持ち株は２０００株に増えるが、一株当たりの価値は半分になるため資産価値は変わらない。分割することにより単位株の価格が低下し、売買の活性化が期待できる。


【株式持ち合い】《かぶしきもちあい》

企業グループ内で、それぞれの株式をお互いに保有し合うこと。これにより証券市場

を通じた企業買収を防ぎ、経営の安定をはかることができる。


【株主優待《かぶぬしゆうたい》】

権利を確定した株主に対して、配当金とは別に、その保有株式に応じて自社製品や優待券、割引券、回数券等を無料で配布すること。株主還元策や、株式の長期保有、自社製品のPRといった目的がある。


【キャッシュフロー】

一定の期間における「資金の流れ」を意味する。アナリストは、株式を分析する際、企業の将来のキャッシュフローを予測して企業の価値を測る。


【キャピタルゲイン】

売却益。株価の変動によって生じる売買差益。損失の場合はキャピタルロスという。


【業績修正《ぎょうせきしゅうせい》】

決算時に発表した予想業績の実現が困難な場合、または上回る場合、期中に業績予想の修正を発表すること。株価を大きく動かす要因となる。決算期末を迎えて、会社予想の修正が増える2、3月に多い。


【減損会計《げんそんかいけい》】

固定資産の減損処理ともいう。土地や建物などの事業用不動産について、収益性の低下により投資額を回収する見込みが立たなくなった帳簿価額を、一定の条件下で回収の可能性を反映させるように減額する会計処理のこと。

さ

【財務諸表《ざいむしょひょう》】

貸借対照表と損益計算書、キャッシュフロ

ー計算書などから成る決算書セット。有価証券報告書で完全なものを見ることができる。

【材料】 ざいりょう

相場を動かす原因や出来事のこと。企業は、新製品の発表や合併、新事業立ち上げなど様々な情報を市場に提供し、株価の上昇を促している。

【塩漬け株】 しおづけかぶ

含み損が大きすぎるために、売ることができない株のこと。

【時価総額】 じかそうがく

株価に上場株式数をかけたもの。いわば会社の値段で、理論的には時価総額を支払えば、その会社を買うことができる。

【自己資本比率】 じこしほんひりつ

株主資本比率ともいう。総資産に対する自己資本の割合で、企業の安全度を見ることができる。自己資本は純資産とも呼ばれる。この比率が高いほど企業経営の安全度が高いといえる。

【自社株買い】 じしゃかぶがい

企業が自社の株を買い付けること。01年の商法改正で自社株の保有が認められたため、「持ち合い解消売り」などによる株価下落を防衛する意味でも、自社株買いを実施する企業が増えている。

【信用取引】 しんようとりひき

一定の資金や株券などを担保にして証券会社から融資を受け株を買ったり、株を借りて売ったりできる取引のこと。融資期間は6カ月と決められているので、それまでに返済しなければならない。

【ストップ高】 すとっぷだか
急激かつ大幅な価格変動によって市場が混乱しないように、制限された株価の動きの大きさ（値幅制限）の上限。

【ストップ安】 すとっぷやす
急激かつ大幅な価格変動によって市場が混乱しないように、制限された株価の動きの大きさ（値幅制限）の下限。

【損益計算書】 そんえきけいさんしょ
企業業績が載る報告書。一定期間における企業活動を収入と支出に分け、決算期ごとの企業の経営成績を明らかにする。一般事業会社なら売上高、営業利益、経常利益、当期利益の順に数字が出される。財務諸表のひとつ。

【底値】 そこね
株価が最も下がった状態のこと。↓天井

た

【貸借対照表】 たいしゃくたいしょうひょう
財務諸表のひとつ。一定時点（原則1年間）における企業の財政状態を示した一覧表。借方と貸方の左右で合計がバランスすることからバランスシートと呼ばれ、BSと略されることもある。借方には資産、貸方には負債と資本が入り、安全性や流動性など財務状態がチェックできる。

【単元株】 たんげんかぶ
株式の銘柄ごとに決められている、最低売買単位のこと。

【チャート】
株価の変動をいろいろな形でグラフ化したもの。

【デイトレード】
1日のうちに売買をして利益を得る株式の投資方法。基本的には翌日に持ち越さず売買を終結させる。デイトレ。

【テクニカル分析】 てくにかるぶんせき
値動き、期間、出来高などの情報を分析して将来の株価を予測する手法。主にチャートを用いることからチャート分析ともいう。

【天井】 てんじょう
株価が最も上がった状態のこと。↓底値

【投資信託】 とうししんたく
投資家から集められたお金をまとめて、運用の専門家（ファンドマネージャー）が株式市場などで運用する金融商品。

【TOPIX】 とぴっくす
「Tokyo Stock Price Index」の略で、東証株価指数のこと。東京証券取引所の1部上場企業の株価に発行済み株式数を掛けた総額を指数化したもの。単位はポイント。
↓日経平均株価

な

【NASDAQ】 なすだっく
全米証券業協会（NASD）が運営している米国店頭市場の相場報道システムのこと。日本市場はアメリカ経済の影響を強く受けるため、日経平均と連動するといえる。

【ナンピン買い】 なんぴんがい

購入時の価格よりも株価が下がったときに、同じ銘柄を買い増して平均買付価格を下げること。

【日経平均株価】 にっけいへいきんかぶか

東京証券取引所の1部上場企業のうち、優良企業225社の株価を日経新聞社独自の計算方法で算出した指数。株式市場全体で株価が上がっているときは、日経平均株価も上昇する。→TOPIX

【ネット証券】 ねっとしょうけん

インターネット上で株式投資ができる証券会社。好きな時間に取引でき、投資情報を素早く入手できるという利点がある。

は

【配当利回り】 はいとうりまわり

株価に対する年間の配当金の割合。例えば株価が1000円で、年間配当金が10円なら配当利回りは1パーセントとなる。

【バランスシート】

貸借対照表のこと。

【PER】 ぴー・いー・あーる

株価収益率（Price Earnings Ratio）のこと。株価÷一株益で求められるので、一株益が50円、株価が500円ならPERは10倍となる。PERが業種平均より高ければその株式は割高、平均より低ければ割安という判断ができる。

【PBR】《ぴー・びー・あーる》

株価純資産倍率（Price Bookvalue Ratio）のこと。株価÷一株当たり株主資本で求められ、時価総額が会計上の株主資本（解散価値）の何倍であるかを表す。一般にこれが低いほど株価は割安といわれる。


【一株当たり株主資本】《ひとかぶあたりかぶぬししほん》

株主資本を発行済株式数で割って算出する。一株当たり純資産、BPS（Bookvalue Per Share）ともいう。


【一株当たり利益】《ひとかぶあたりりえき》

純利益を発行済株式数で割って算出する。単純な利益の額だけでは儲け具合が見えにくいため、これに注目する投資家も多い。一株益、EPS（Earnings Per Share）ともいう。


【ファンダメンタルズ】

「経済の基礎的条件」のことで、経済のマクロ面あるいは個別企業の財務状況などのミクロ面についての指標を意味する。


【ファンダメンタル分析】《ふぁんだめんたるぶんせき》

ファンダメンタルズに注目した投資手法のこと。株価は会社の業績などで決まると考え、企業の価値を克明に調べ投資先に値するかどうかを判断する。


【含み益・含み損】《ふくみえき・ふくみぞん》

保有している（＝売却していない）株の購入時の価格と現在の価格の差額をいい、購入時より値上がりしていれば含み益、値下がりしていれば含み損となる。

【浮動株《ふどうかぶ》】

長期保有されず常に市場で売買されている株式。『会社四季報』では、15単位未満の株主が所有する株式合計で算出している。一般に、この比率が高ければ株価の動きも緩やかで多少の売買でも株価は大きく変動せず、逆に浮動株比率が低ければ少ない売買でも株価は動きやすい。

ま

【ミニ株《みにかぶ》】

正式名称は株式ミニ投資。株式取引が可能となる最低必要株数の10分の1から取引が可能な商品のこと。

【戻り売り《もどりうり》】

下落傾向にある株価が一時的に上昇した際に売却を行なうこと。

や

【寄り付き《よりつき》】

午前、午後で最初に行なわれる株の取引のこと。その取引でついた株価を「寄り値」という。

ら

【連結決算《れんけつけっさん》】

親会社や子会社の区別なくグループ全体をひとつの企業として決算すること。これによって、その企業グループ全体の業績、運用力を知ることができる。

宝島社
文　庫

ど素人の私が株で儲けている方法

（どしろうとのわたしがかぶでもうけているほうほう）

2006年3月6日　第1刷発行

著者　「ど素人の株日記」なべ
発行人　蓮見清一
発行所　株式会社 宝島社
〒102－8388　東京都千代田区一番町25番地
電話：営業03(3234)4621　編集03(3239)0069
振替：00170－1－170829（株）宝島社
印刷・製本　株式会社廣済堂

乱丁・落丁本はお取替いたします。

First published 2006 by Takarajimasha, Inc.

Printed and bound in Japan
ISBN4-7966-5153-5